熊的王者

俄羅斯的權力邏輯

THE BEAR INSIDE
THE KREMLIN

李鴻谷 ★ 著

Contents | 目錄

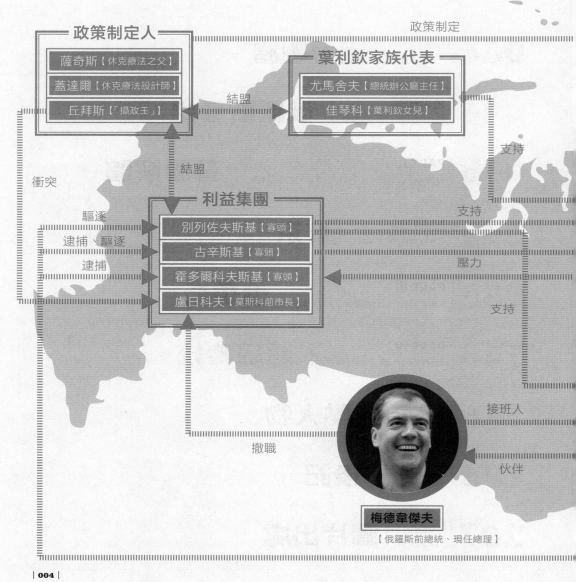

政策制定

政策制定人

- 薩奇斯【休克療法之父】
- 蓋達爾【休克療法設計師】
- 丘拜斯【「攝政王」】

葉利欽家族代表

- 尤馬舍夫【總統辦公廳主任】
- 佳琴科【葉利欽女兒】

結盟

支持

結盟

衝突

支持

利益集團

- 別列佐夫斯基【寡頭】
- 古辛斯基【寡頭】
- 霍多爾科夫斯基【寡頭】
- 盧日科夫【莫斯科前市長】

驅逐

逮捕、驅逐

逮捕

壓力

支持

接班人

撤職

伙伴

梅德韋傑夫
【俄羅斯前總統、現任總理】

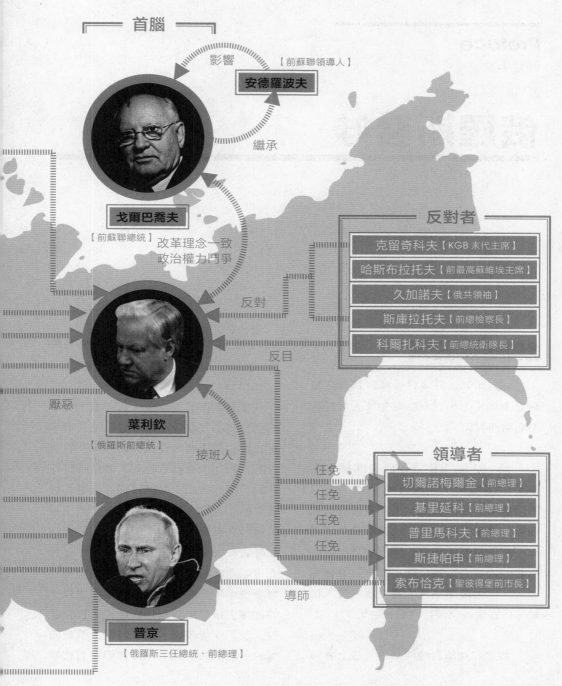

首腦

【前蘇聯領導人】
安德羅波夫

影響

繼承

戈爾巴喬夫
【前蘇聯總統】

改革理念一致
政治權力鬥爭

反對者

克留奇科夫【KGB 末代主席】
哈斯布拉托夫【前最高蘇維埃主席】
久加諾夫【俄共領袖】
斯庫拉托夫【前總檢察長】
科爾扎科夫【前總統衛隊長】

反對

反目

葉利欽
【俄羅斯前總統】

厭惡

接班人

領導者

切爾諾梅爾金【前總理】
基里延科【前總理】
普里馬科夫【前總理】
斯捷帕申【前總理】
索布恰克【聖彼得堡前市長】

任免
任免
任免
任免

導師

普京
【俄羅斯三任總統、前總理】

俄羅斯套娃

見證普京歸來的現場

2012 年 3 日 4 日，莫斯科曼尼日納亞廣場。下午四五點開始，人群從各方向這裡雲集。

前一天晚上，這裡已經開始製造層層的隔離帶；大約有 1,500 平方米的俄羅斯三色國旗掛上了莫斯科賓館的西壁，幾乎整整擋住了一整面牆⋯⋯沒有一個俄羅斯人願意告訴我們這裡正在搭建的大舞台是做什麼用的。答案在第二天——俄羅斯總統大選投票日當天揭曉，這裡是普京支持者聚會之地。

我們在莫斯科時間的當天晚上 8 時30 分被允許進入廣場。被最嚴格地檢查，然後貼上藍色小紙條，可以進入了。

俄羅斯內務部統計，這天晚上普京的支持者有 11 萬人到達這裡。其實，對於像我們這裡的外國採訪者，反對者告訴我們：所有挺普的人，都是政府安排的。果真如此？曼尼日納亞廣場其實只有極小部分人群可以進入，其他支持者聚合在接近廣場的丁字路口，更多的支持者被警察攔在三條路的路口，這裡面可以迴旋的餘地實在太小。沒有那些整車整車運來的警察，以及他們對秩序的維護，這種集會有什麼結果，實在難說。我們穿梭各處，幾乎每個人都是興奮的，他們的喜悅，以及他們隨着音樂

扭動的身體不太可能作假。支持者的身體語言告訴我們，莫斯科寒冷夜晚的這次盛大的集會，不太可能被「安排」。

我們詢問廣場上的俄羅斯人，他們為什麼支持普京？沒有一個答案能夠清晰地說明普京的執政理念，理由只是：我們相信他！

相信普京，所以選擇普京。相信什麼，並不明確。這也是俄羅斯媒體難以向外國人解釋為什麼普京被選擇的難題所在。最主流的解釋是：這是俄羅斯傳統。俄羅斯人更相信一個人，而不是制度、機構以及黨派。

問題是：這個被相信的人為什麼是普京，而不是別人？難道梅德韋傑夫，一位現任總統—— 雖然他沒有參加此次選舉，不也可以值得被信任嗎？何以如此？這個疑問並不是在曼尼日納亞廣場裡誕生的。4 年前，當梅德韋傑夫競選成為總統之後，普京會再回來嗎—— 這是所有人的疑問：他真能回來嗎？他為什麼能夠回來？4 年後，答案揭曉：他確實回來了。但更重要的問題仍然沒有解答：<u>他為什麼能夠回來？</u>

<u>尋找這個問題的答案，我們需要從蘇聯解體開始。</u>由此出發，我們需要把一個又一個的成見放下，才可能接近答案，接近那個「何以如此」。

蘇聯：崩潰的原因

戈爾巴喬夫為何選擇改革？蘇聯又為何解體？20 年後，這一問題仍能引發足夠的關注與討論。只是認真說來，不免遺憾，中國論者多從本國左右意識形態出發，在「以蘇為鑑」的綱目之下，對別人的歷史，我們失去了基本的尊重。

勃列日涅夫時代，蘇聯真正建立了能夠對抗美國的軍事能力，並整合強化了社會主義意識形態陣營；對此，美國的反應稍顯遲緩，勃列日涅夫末期，列根上台執政，重拾「星球大戰」計劃，武器對應武器—— 對蘇聯解體，美國人基本的解釋就是：這是列根戰略的成功。在相當的時期內，這也是我們理解蘇聯解體的主要因素。果真如此？其實，若論蘇聯的壓力，實非軍事而是經濟：油價下跌、貨幣貶值，以及西方不再向東歐國家貸款……

要承擔社會主義陣營道義與義務的蘇聯，其國內形勢更糟，勃列日涅夫軍事競賽的代價是經濟「漫長的停滯」，石油價格下跌，油價甚至低過蘇聯開採成本，國內經濟增長率低到 1.5%……戈爾巴喬夫需要為勃列日涅夫的軍事競賽的成本「買單」。

所以，蘇聯的變革是內生性的，而非迫於外力；同時，它的起步是經濟性的，而非政治性的。戈爾巴喬夫上台伊始，其戰略選擇就是：加速國家社會性經濟發展。

至少最初，戈爾巴喬夫的改革是政治選擇裡的常態——解決這個國家面臨的經濟壓力，為空空蕩蕩的莫斯科商店裡的貨架提供基本商品。可是，在近 3 年時間裡，戈爾巴喬夫的經濟改革沒有任何可見的成效。為什麼？這又要說回蘇聯的經濟制度，即計劃經濟制度，這是一個大議題。有趣的是蘇聯領導人對這一困境的解決方式。戈爾巴喬夫任命強悍的葉利欽為莫斯科市委第一書記，期待他重振莫斯科——蘇聯最大城市的經濟；葉利欽又任命盧日科夫為他的「新經濟」助手——所謂「新經濟」，就是盧日科夫在莫斯科開辦「合作經濟」，審批成立相當於中國的個體戶，以及小私營企業……但當時能夠提供給他們的時間實在有限。

在一個國家的制度開始變遷，亦即歷史轉折之際，當事人如何能夠識辨制度改造的艱難。葉利欽的壓力當然巨大，他尋找的解決之道是政治的而非經濟的，他攻擊蘇共中央官僚，以及他們對莫斯科經濟發展的不支持，然後引火上身，與戈爾巴喬夫形成劇烈衝突。這只是政客尋找脫責的常規技術，即經濟變革的不成功——而這實則需要足夠時間成本——用政治的、人事的原因搪塞。政治這一遊戲，「人事」是最小公約數，是人人可用的手段，但他的姿態與攻擊力度，針對的是戈爾巴喬夫，越過一般底線。

對經濟改革不成功的思考，以及由此而做出的回應，戈爾巴喬夫選擇的同樣是「政治」。在他看來，高度發育並充分成熟的蘇聯中央計劃經濟模式，幾乎沒有「破綻」可供改革，唯有由經濟而政治，按他自己的說法：「把政治體制改革作為推動經濟體制改革的決定性因素。」經濟當然是政治，但如蘇聯如此高度統一，亦為罕見。戈爾巴喬夫與葉利欽對經濟變革艱難的理解，以及解決之道，共同選擇「政治」的突破，並非偶然。觀察並分析、理解蘇聯解體，這是綱領性的脈絡。

公開性、民主化、多元論——1988 年，戈爾巴喬夫提出了他的政治體制改革之策。蘇聯歷史由此逆轉，他也因此而為全球所知。

戈氏此舉的真實價值，在於他在兩條道路上同時啟動了蘇聯的變革：一為市場經濟的改革之道，一為民主政治的變革路徑。它們之間的相互糾結，是未

來歷史的「主旋律」。

戈爾巴喬夫的政治體制改革，革新之策是將由蘇共控制的最高權力讓渡。在他看來，正是中央和地方黨委對權力的壟斷，以及由此帶來的腐敗，導致蘇聯經濟的停滯。被讓渡出來的權力，轉給按憲法規定的人民代表大會及其最高蘇維埃。在政治上近於「廢人」的葉利欽，也由此而重獲政治生命，並改變歷史。

歷史變遷的深刻的因素，或許真的只有事後才可能看清楚。蘇聯計劃經濟模式當然問題重重，它固然是蘇聯解體的基礎性因素，但歷史演進不只是「邏輯」上的必然，而是時勢與機緣促成，尤其是我們未必注意的關鍵要素的作用。

那麼，戈爾巴喬夫的政治改革何以導致蘇聯解體呢？簡言之，是民族問題這一關鍵因素。

蘇聯由 15 個社會主義加盟共和國組成，這 15 個不同民族的共和國如何形成「蘇聯」的國家認同呢？在傳統蘇聯，由兩部分構成，其一為社會主義的意識形態的認同；其二為民族認同。蘇聯人的身份證上，標注的正是這兩種身份。

但權力由蘇共中央轉移出來，社會主義的意識形態的認同的聚合體，便因此瓦解。這是改革設計者所未曾預料的結果，隨後，民族認同便上升至第一位；而民族認同是分裂的，不是聚合的——各加盟共和國的獨立亦將不可避免。

傳統的俄羅斯玩具「俄羅斯套娃」，或許是這一變遷過程最具戲劇性的象徵物。當蘇聯取消意識形態認同，其結果，社會主義陣營——蘇聯控制的東歐集團由此分裂；這正如被打開的第一個俄羅斯套娃；循此邏輯，第二個俄羅斯套娃，蘇聯自身的解體，還奇怪嗎？而且獨立後的俄羅斯，又面臨着第三個即將被打開的俄羅斯套娃：車臣的獨立。正是因為對抗車臣獨立，俄羅斯進行了兩場戰爭，並因此深刻地改變了俄羅斯歷史走向。

一國歷史之演進，有其自身的基礎性條件。傳統俄羅斯，其現代化進程，最為充分而特殊的表現即為疆域的擴張，但如何整合如此廣闊之地域與民族，是這個國家所隱匿的國家結構性矛盾。蘇聯成長的歷史，不同樣是擴張。他們建立的不同民族認同，是意識形態。瓦解意識形態認同，國家結構性的矛盾便由隱而顯，成為歷史變遷不可抗拒的力量。當然，超然而論，將其視為歷史動力亦未嘗不可。

1988年，當戈爾巴喬夫完成他的「新思維」的國家改革戰略，他信心滿滿：「現在大家都已經意識到，我們國家這艘大船多年來一直繫在同一碼頭，如今已經啟航，要去作一次未曾體驗過的航行。」可是，3年後，這艘名為「蘇聯號」的大船解體了，沉沒了，能不令人悲歎。在俄羅斯訪問時，我曾問及年輕一代政治家對戈爾巴喬夫的看法，回應很決絕：他把國家賣給了西方！那枚諾貝爾和平獎章，在外國人如我們看來，是肯定的，至少是中立的，但不少俄羅斯人卻將其視為「出賣」的報償。這多少讓人意外。只是，如果我們把這個國家放諸於曾經的榮光裡觀察，或許就不那麼意外了。

那麼，戈爾巴喬夫以政治改革促經濟改革，果真愚蠢？回到歷史現場，如此輕易結論，也是不智。甚至相反，戈氏時代，各種約束條件之下，他的認識是清晰的，其選擇在理論上是極高明的，也唯有蘇共中央總書記才可以如此選擇。但是，歷史邏輯並非可以人造，比如蘇聯的民族問題，一種結構性的國家矛盾，它超越了當權者，以及那個時代有限的理性範圍。國家解體，斷非單純的所謂計劃經濟體制之類，而與國家的深刻的結構性矛盾相關。戈爾巴喬夫的聰明與天才，卻在不經意間觸動了這個國家的命門，悲劇就此誕生。

俄羅斯：問題未解決

葉利欽與戈爾巴喬夫為權而戰，衝突頻頻，讓人看得眼暈。1991年12月8日，俄羅斯、烏克蘭與白俄羅斯三國簽署「獨立國家聯合體」，徹底意味着蘇聯解體。在奪權爭鬥的敘事邏輯裡，葉利欽此舉，被俄羅斯媒體和民眾理解為「報復」戈爾巴喬夫，即使葉利欽本人也如此認為。畢竟將一個國家斷送，其責任之巨，無論是誰，都會心生懼意。

葉利欽果真反戈爾巴喬夫？不是，在政治理念上，他們一致，只是表現出來的狀態，葉利欽更極端；他們之間的對抗，真實原因確實是權力而非其他。掌控獨立之後的俄羅斯，葉利欽承受的壓力比摧毀蘇聯的戈爾巴喬夫更大。

首先必須解決的是政治制度問題，即俄羅斯究竟是採取總統制的民主制度，還是議會制的共和制度？亂世的強人葉利欽，樂意採用的辦法，就是將一盤正在下的棋，用手抹掉棋盤上的棋子，並且宣佈自己贏了。在與議會爭端的關鍵時刻，葉利欽動用軍隊控制並佔領議會所在的「白宮」，迫使議會投降。以武力解決政治衝突，這是惡例。這段歷史，意外與值得俄羅斯慶幸的事實在於，軍隊並沒有借此機會成為「國王的製造者」，他們冷漠以待。因而俄羅斯沒有

重蹈眾多國家現代化過程中軍隊擅權的狀況，也因此俄羅斯沒有進入更漫長的動亂與動盪。

經此一役，葉利欽終於建立「超級總統制」。三權分立的結構之上，是總統及其權力。這一結構安排，是當年憲法的基礎原則。但世事弄人，超級總統制下的葉利欽，卻是一位極度屢弱的總統。

俄羅斯獨立，更無時間成本來清理政治制度與經濟制度種種關係，獲權者無論戈爾巴喬夫還是葉利欽，也無論是總統還是議會，民眾之生存，必須放在第一位。葉利欽的「休克療法」與「國家財富重新分配」，是其進入市場經濟的路徑。

對比中國經濟體制改革的漸進主義，俄羅斯的急進，成本當然昂貴，但俄羅斯有「漸進」之條件嗎？按亨廷頓的分析，國家轉型有賴於國家權力具有強力的控制者，這個時刻的俄羅斯，劇烈動盪之中，何來強力控制者？反葉利欽的議會一派的經濟主張是漸進主義，但實則也是憑空想像而已，中央權力即或強大如蘇聯都已瓦解，獨立的俄羅斯一時之間，那有這般權力資源。

政治是理解俄羅斯的綱領性脈絡。

「休克療法」以及「國家財富重新分配」之所以採用，其實際操盤人蓋達爾與丘拜斯說得很清楚：俄羅斯確實沒有建立保障市場經濟運行的法律、法規、機構，以及組織⋯⋯這正如沒有拳擊台，卻將拳手放出來搏鬥。但為什麼仍然如此選擇？時間不夠！如果不迅速放出「拳擊手」，就可能重回計劃經濟的舊巢。對於這代自由主義市場經濟創立人，他們的「政治任務」不是建立市場經濟體制，而是首先毀滅可能使這種經濟制度出生的傳統的計劃經濟體制。

簡言，這是兩條道路的鬥爭。一條是民主制度的市場經濟，一條是社會主義的計劃經濟。兩者之間的衝突，才是俄羅斯市場經濟道路選擇的決定性因素。

休克療法後果如何？戈爾巴喬夫宣佈辭去蘇聯總統之際，跟葉利欽的談判結果是：他退休後的工資為 4,000 盧布——相當於俄羅斯人均收入的 40 倍，而經過休克療法，這一優厚的退休工資，相當於多少美元呢？2 美元而已。前蘇聯總統尚且如此，何況普通俄羅斯人。劇烈的制度變遷，其社會代價當然不菲。與這種被剝奪同時，「新俄羅斯人」——以瓜分國有財產起家的寡頭成長起來。俄羅斯的市場經濟生成之途，在生長出「寡頭利益集團」的同時，還生長出以

盧日科夫，就是那位莫斯科市長為代表的「地方利益集團」。這就是俄羅斯轉型的成本。

兩條道路的鬥爭，是俄羅斯休克療法選擇的決定性因素；反過來，休克療法對俄羅斯人的剝奪，又加劇了兩條道路鬥爭的強度。這個時候，俄羅斯不是在政治制度上選擇了民主制度嗎？鬥爭進入合法狀態——1996年，葉利欽還能夠競選上總統嗎？他最強勁的競爭對手是俄共的久加諾夫，俄共綱領簡單：國有化！這是換了用語的計劃經濟。

這是俄羅斯的關鍵時期，是向充滿荊棘的民主制度市場經濟繼續走下去，還是重回舊路？

葉利欽能夠贏得他的第二個總統任期，並保證新制度的繼續嗎？這個時候，葉利欽是真正想把棋盤上的棋子用手抹去，他決定解散議會（國家杜馬）、解散俄共，並推遲總統大選。因為，他毫無勝算的機會。

最後葉利欽忍住了如此極端選擇。新生成的兩大利益集團，寡頭利益集團與地方利益集團幫助了他，他贏了自己的第二個總統任期。他的代價是什麼呢？本來就極端缺乏的中央政府權力資源，經此選舉，兩大利益集團迅速成長

並成熟。寡頭利益集團為了消除未來可能的制度改變，決定自己來充當「國王製造者」—— 寡頭們的觀念十分簡單：權力應當聽命於財富。聰明如葉利欽當然意識到這一變化，「金融資本變成了政治資本，銀行家們開始試圖公然地、直接地對政權機構施加影響，在政治家背後操縱國家」。而地方利益集團希望改變在與中央政府就財政分配談判中的被動地位，他們需要「自己的」「地方上」的人成為未來的俄羅斯總統。

休克療法與國家財富重新分配的市場經濟急進道路，與剛剛誕生的民主制度的俄羅斯方式結合，迅速長出既順理成章，又似乎不可思議的俄羅斯衝突。它的經典性表演舞台是：總統競選。這在相當的意義上，雖然俄羅斯憲法確立了「超級總統」制度，但誰在控制這個國家才是真正的疑問。更準確地說，有人控制這個國家嗎？

葉利欽在競選他的第二個任期之前，就身體糟糕；而競爭成功之後，去作心臟搭橋手術，之後不斷生病住院……這個國家有超級總統制度，而現實卻是一位病夫在治國—— 他是否真的在治國也是疑問。

亦在此時，在1996年總統競選中失利的久加諾夫領導國家杜馬裡的多數

黨，對葉利欽提出了五項罪名的彈劾案。這是一種力量的顯示。提出彈劾案這年，正是 1999 年，俄羅斯新一輪的國家杜馬選舉，以及總統選舉即將到來。盧日科夫以及他參與領導的地方利益集團，結合被葉利欽解職的總理普里馬科夫，組成強大的「祖國——全俄羅斯」競選聯盟——他們與俄共合作，看上去，國家杜馬地方利益集團與佔據杜馬第一大黨地位的俄共，將成功取得超過 2/3 的絕對多數議席。果真如此，葉利欽意味到的危險是：「總統選舉都將變得毫無意義。」因為擁有超過 2/3 的國家杜馬議席，不再是提出彈劾案這麼簡單，提出憲法修正案並且通過都將沒有任何問題。

曾經支持葉利欽的地方利益集團現在拋棄了他，那麼，寡頭利益集團呢？這一集團內部在分化，不同寡頭控制的不同的媒體集團，分別支持葉利欽，或者地方利益集團，不再像 1996 年總統選舉時那麼「團結」，他們開始製造各自心儀的國王。1996 年總統選舉尚在新舊「兩條道路」上競爭，而這一次的總統選舉，舊道路派俄共與新生力量——地方利益集團已經結合，這種結合要強大的多，是具有統治性的政治力量。

在兩年不到的時間裡，葉利欽分別選擇了 4 位總理——這是他尋找接班人的台階，但如此頻繁換將，政治資源的極度缺乏已是不爭事實。最後，他選定了普京。

普京有能力收拾亂局嗎？

普京的選擇

制度變遷，無論民主制度還是市場經濟，由社會主義蘇聯轉型而來，是要付出成本的。蘇聯的民主政治制度發生史，其社會成本之昂超過想像。按俄羅斯國家統計：1991 至 2000 年，僅僅 10 年時間，俄羅斯 GDP 下降 40%，即使俄蘇參加過的兩次世界大戰，其 GDP 也從未下降如此劇烈——第一次世界大戰下降 25%，二戰則下降 21%。

未來總統，無論普京，還是其他人，都必須面對這個俄羅斯現狀。

普京能夠拯救俄羅斯嗎？且慢，這個時候，真實的問題是，普京能當選俄羅斯總統嗎？所有政治算計，面對地方利益集團與俄共的結盟，他無任何勝算可能。但是，權謀邏輯畢竟敵不過歷史邏輯。蘇聯何以解體，民族矛盾——國家結構性矛盾裡「俄羅斯套娃」的一環而已，而這個時候，俄羅斯面臨着正在被打開的第三個套娃：車臣尋求獨立。而且以恐怖襲擊的方式向全世界表明他

們的不妥協。

民族問題作為這個國家結構性矛盾，深刻而持續。

1994 年，第一次車臣戰爭爆發。在戰和之間，俄羅斯政府、軍隊、媒體以及民眾，猶豫搖擺——蘇聯可以放棄社會主義陣營，俄羅斯可以從蘇聯獨立，那麼，循此邏輯，車臣為什麼不可以獨立呢？在道義上，車臣獨立將作為一個危險的先例使俄羅斯不復存在，但這不能說服民眾放棄對車臣獨立的認同。這同樣也是葉利欽的兩難，他一方面主導俄羅斯從蘇聯獨立，另方面他又要捍衛俄羅斯疆域完整，而反對車臣獨立——如此短時間之內的反覆，道理如何說得通？

渙散的俄羅斯更面臨戰爭道義上的困境，國家武力機構應當面對的是外敵而非國內民眾，他們如何可能向車臣人開槍？軍隊對即使展開的車臣戰爭並無足夠的熱情。第一次車臣戰爭，未戰而被屈兵。

普京獲任政府總理兩天前，車臣叛軍攻入鄰境村莊，第二次車臣戰爭就此拉開序幕。與第一次不同，此次戰爭，車臣方面頻繁採取恐怖手段攻擊平民，幾百名平民在睡夢中慘死。如此恐怖行為，引發了俄羅斯前所未有的恐慌。恐慌具有決定性的影響。過去的、理性的對車臣獨立的認同，特別是情感上的負疚感，在炸彈面前，在親人死亡面前，變得無足輕重⋯⋯俄羅斯的國家利益，因為車臣的恐怖襲擊帶來的民眾情緒的逆轉，有了高度結合的機會。想想曾經並不準備參加第二次世界大戰的美國，一次珍珠港襲擊事件，改變了歷史的走向。第二次車臣戰爭，完全類似。

普京的選擇很極端。他決定的戰略是最強硬的攻擊：對盤踞在北高加索地區的武裝力量，軍方不是採用簡單的驅逐戰術，而是要將他們全部殲滅！

普京這位前 KGB 官員，一直在忠誠國家的教育與生存環境之中，但蘇聯就在他眼前解體，忠誠對象不復存在——至少對他的後果是，如果有機會捍衛這個國家的完整，他將不惜代價。他的代價是什麼呢？他決定最強硬的攻擊，代價只是一個總理的位置。在他看來：「這是不大的代價，我準備付出。」

因為被恐慌而重新聚合的民眾的情感——他們需要一位強悍的領袖；也因為堅決打一場強硬的戰爭，之前甚至毫無人知的普京，支持率開始跳高。很偶然，他站到了新的歷史轉折點上，他順應了歷史的邏輯。那個可能無休止持

續下去的，被不斷打開的俄羅斯套娃，他決意制止。民意開始傾斜，嚴重傾向普京……沒有意外，他第一輪即獲選總統。同時，他也獲得了他的前任所從未有過的巨大的民意支持—— 民主政治制度下的最大的政治資源。

地方利益集團因為反對戰爭，他們的政治聲望一墜再墜，甚至不如杜馬選舉前兩個月才成立的「政權黨」—— 即以支持總統主張為政綱的政黨。地方利益集團迅速瓦解，他們融入「政權黨」，完成合併。

戈爾巴喬夫因為政治改革，取消意識形態的國家認同而導致蘇聯解體；普京因為戰爭，阻止俄羅斯再度解體而獲得巨大的政治資源。前後僅僅十多年，反覆可謂迅速。由此而觀，國家結構性的矛盾—— 所謂歷史邏輯的作用，才是決定政治得失和個人沉浮的關鍵所在。

那麼，普京將建立怎樣的俄羅斯發展道路呢？他對這個為民主政治制度與市場經濟轉型而付出重大代價的國家，有著這般認識：俄羅斯正處於數百年來最困難的一個時期，大概這是俄羅斯二三百年來首次真正面臨淪為世界第二流國家，抑或三流國家的危險。—— 簡言之，普京面臨的俄羅斯現實，是這個國家系統性危機。

俄羅斯耗去昂貴成本而建立的民主制度與市場經濟，對於普京，都只是他恢復俄羅斯強大的一種手段而已。強大的國家，強大的俄羅斯，這才是普京的選擇。

「普京道路」已經確立，那麼，他如何整肅格局，集合資源呢？普京上任之初，即開始整肅寡頭，無論是政治的反對派古辛斯基，還是自詡為「國王製造者」的別列佐夫斯基，他都沒有手軟，以最終驅逐出俄羅斯而告終。這一過程，以 2003 年尤科斯石油公司被收回國有為標誌，稍後確認了對 549 家具有戰略意義的企業限制私有化—— 在銀行、飛機、船舶、鐵路等關乎國計民生的領域組建國家控股的大型企業。興起於葉利欽時代的寡頭利益集團，自此，不復存在。從「理想的」民主政治結構上看，這是對正在發育中的民主制度的一種傷害，但悖論之處在於，民意卻絕對支持普京此舉。完成對尤科斯總裁霍多爾科夫斯基的逮捕之後，普京以 71.2% 的超高得票率第二次當選總統。

整肅寡頭利益集團的同時，普京開始從制度層面完成中央與地方權力關係的「垂直控制」。這一控制能夠建立，仍然是「戰爭」幫助了它——2004 年，車臣恐怖分子一系列的爆炸事件，尤其是別斯蘭人質事件。這是第二次車臣戰

爭結束後，最大一次對俄羅斯的攻擊事件。而之所以拯救人質失敗，俄羅斯方面檢討，正是地方權力大於中央權力的結果。有此教訓，普京在制度設計層面事實上完成了地方領導人的任免，均由中央政府（當然是總統控制）的法律框架控制。

寡頭利益集團與地方利益集團的整肅，使民主制度與市場經濟建立了「普京道路」下的俄羅斯方式。當然，它是一種中間體狀態，它也是被反覆拿出來研究的樣本。只是這一樣本，當它被放置於討論者理想的民主制度與市場經濟框架裡時，它變得易受攻擊，從而使人失去理解它的機會。

車臣的分裂行為，以及由此而形成的戰爭狀態，是理解俄羅斯道路選擇最為重大的內生性因素，可惜它時常被忽視——這正如我們在解釋蘇聯何以解體，輕視甚至忽略民族關係這一國家結構性矛盾一樣。基於對抗民族分裂狀態，普京的道路選擇獲得了廣泛的民意支持，這是他得以完成目前民主制度與市場經濟只是作為強大俄羅斯手段的制度變遷。

在第二個總統任期即將結束之際，普京交出了他的總統任期答卷：8 年時間 GDP 增長 70%。與此同時，他完成了對俄羅斯國家政治四大支柱——中央執行權力、政權黨、強力集團與地方勢力的完全控制。那麼，這一切都將由新總統來繼承，普京還可能再回來嗎？

回到現場

普京以及俄羅斯的故事，或者我們有了一點點自己的發現與認識。只是，如果我們更認真地思考，真問題自然不是「普京道路」的合法性基礎，而是現在的普京，以及俄羅斯所面臨新的格局。基於戰爭，基於阻止民族分裂，以及抗拒俄羅斯再度崩潰而形成了目前的制度結構，2009 年，梅德韋傑夫總統宣佈：車臣戰爭結束。此後，從國家整體動員上，基於阻止分裂的戰爭，將不復大規模存在。此際，俄羅斯作為一個國家，在解決完國家可能崩潰的歷史任務後，將面對什麼樣的國內與國際格局？又將如何選擇？

3 月 4 日晚 11 時，兩任總統梅德韋傑夫與普京同時來到曼尼日納亞廣場，普京對着向他歡呼的人群說：「我向你們承諾我會贏。現在我們贏了！這是俄羅斯的榮光！」通過大屏幕，人們看見普京的眼淚⋯⋯贏得了自己第三個總統任期的普京——而且根據已經修改過的法律，他新的任期將是 6 年。

在這極短暫的見面時刻，普京仍然強調：「我們展示出，任何人都無法把意志強加給我們。我們展示出，我們的人能夠分辨那些旨在破壞俄羅斯國家體制並篡奪政權的政治挑釁。俄羅斯人民今天展示出，這種事情在我們的土地上不會發生！」這仍然是對遙遠的車臣戰爭，以及對為着這場戰爭的國外廣泛抗議的一種憤怒與回應，當然還包括對俄羅斯道路批判的回應。

　　沒有人懷疑普京在努力地避免俄羅斯墮落至世界第二流、甚至第三流國家，那麼，未來俄羅斯會在現在單極世界格局裡，成為多極的一極，或者多元化世界的一種核心力量來源嗎？這是值得思考的。這是真問題。

PART I
Dissolution of the Soviet Union
蘇聯解體

> 如果說誰出賣了誰的話，
> 那不是我出賣了黨，
> 而是黨的領導和
> 它的大部分的機構
> 出賣了自己的領袖。
>
> ——戈爾巴喬夫

　　早晨 7 時許，俄羅斯坎捷米羅夫師（Kantemirovskaya Division）的 10 輛坦克開進莫斯科；與此同時，摩步師（編按：摩托化步兵師），到位；空降師，到位；特戰旅，到位……接管了先前在此處圍防的俄羅斯警察，對「白宮」（蘇維埃宮，俄羅斯最高蘇維埃所在地）立體攻擊鏈由此真正形成。

　　1993 年 10 月 4 日，持續兩週的俄羅斯總統葉利欽（Boris Yeltsin）與俄羅斯最高蘇維埃之間的衝突，到達最關鍵時刻，戰爭以及死亡，似乎不可避免。這天清晨 5 時，葉利欽頒布「關於保障莫斯科市緊急狀態制度的緊急措施」，國防部隊由此進入市區。

事實上，按照葉利欽的口頭命令，國防部隊應該更早一些進入攻擊點。可是，過了 10 月 4 日凌晨，部隊仍無移動跡象，小睡了一會的葉利欽，急了。在回憶錄裡，葉利欽記錄這一時刻：「時間不久，但我足以明白，格拉喬夫（Pavel Grachev，國防部長）那兒出了什麼事。為什麼部隊，用他的話說，解奧斯坦基諾（Ostankino）的圍，包圍白宮和準備攻擊在兩個小時之前就該開始了，而實際上連莫斯科還未進呢。大家，包括總統我和他，國防部長，也包括政府和我們的社會。我們大家給人質一個美好的公式：軍隊不干預政治……」

軍隊不干預政治。俄羅斯國防部長格拉喬夫站起來，面對葉利欽，緩慢說道：「尼古拉耶維奇·鮑里斯（葉利欽），我同意參加攻佔白宮的作戰，但有一個條件，我手裡得有您的手令。」軍隊向自己的人民代表開火，這不是軍人可以擔當的責任。

簽署完總統令，葉利欽在回憶錄裡記錄了與特種部隊的會見：「很快就有人向我稟報，一些分隊指揮員，總計約三十人，聚集在 3 樓候見。我向他們走去，思緒中有着擔憂、不安和無望的煩惱。我看了他們一眼，幾乎全都眼睛瞅着地板。我不想扯皮，馬上問道：『你們準備好執行總統的命令了嗎？』回答的是沉默，總統精幹的部隊說不清道不明的沉默着，令人感到可怕。過了一分鐘，誰也不言語。我大聲說道：『那麼，我請你們按另種方式回答，你們拒絕執行總統的命令嗎？』還是冷場。我環視大家一眼，有高大的，力氣大的，也有長得精神的。沒打招呼，我說了句：『執行命令吧！』便向門口走去。」

接近這天中午，坦克部隊向「白宮」開炮了……戰爭與死亡，由此將不可逆？

1987 年戈爾巴喬夫（右）會見美國總統列根（左）

總書記戈爾巴喬夫

當戈爾巴喬夫（Mikhail Gorbachev）晉升為蘇共總書記之時，一般傳記都將其由邊疆區往中央的仕途起點，說成 1975 年的一次偶遇。這年 9 月，當時的蘇共總書記勃列日涅夫（Leonid Brezhnev）由莫斯科去巴庫，火車途經戈爾巴喬夫任第一書記的斯塔夫羅波爾（Stavropol）邊疆區。在火車停靠點與當地領導人小小會晤一下，這是蘇共中央的一貫傳統。戈爾巴喬夫在火車站候着，已經清場的站台，最後只剩下勃列日涅夫、安德羅波夫（Yuri Andropov）、契爾年科（Konstantin Chernenko）與戈爾巴喬夫。

戈爾巴喬夫記錄了這次會見。這四個人的見面，談話的主角當然是勃列日涅夫，「長時間的冷場，更長時間的冷場」，實際上，勃列日涅夫只問了兩個問題，「我覺得總書記有些超然物外，對旁邊這幾個人不大理睬。這個場面讓人感到難堪……」停留時間結束了，勃列日涅夫站在車門口，抓住扶手，忽然問安德羅波夫：「講話如何？」「很好，很好！」安德羅波夫答道。這下倒真輪到戈爾巴喬夫驚訝了，安德羅波夫解釋說：勃列日涅夫越來越感到言語困難，所以他關心自己「講話如何」。「病夫治國」以及勃列日涅夫之病，如何是一個邊疆區

的書記如戈爾巴喬夫可以知曉的呢？後來安德羅波夫告訴戈氏，說這次見面令人滿意。

蘇共政治，尤其是組織與人事運作，宛如黑箱，非身居權力核心層者，無可得窺。即使如戈爾巴喬夫這樣一位「封疆大吏」，也如霧裡看花。更多的「政治分析家」以及傳記作者看到的是：在這次車站見面的四位蘇共領導人，先後成為蘇共中央總書記。那麼，推測這次晤面係勃列日涅夫的一次考察，而且「滿意」，便順理成章。雖然，戈爾巴喬夫未必這麼認為。他實際的接觸，跟想像裡的幹部考察，實在相距太遠。

在自己的回憶錄裡，戈爾巴喬夫將自己通往莫斯科蘇共中央之途，論為與安德羅波夫的相識與相知。在這次「車站會見」的稍早一些時間，他們兩人有過一次見面。「你考慮不考慮國家的事情？」戈爾巴喬夫問的很直接，安德羅波夫很意外這個問題，「再有個三五年，大多數政治局委員可都得走了。也就是陸續離開這個世界。他們已經時日不多。」當時年僅 44 歲的戈爾巴喬夫，向 61 歲的安德羅波夫——「年輕」的蘇共中央政治局委員提出這樣的問題，未必唐突。蘇共領導人的現實是，戈氏用當年蘇聯流傳極廣的笑話描述：黨的二十七大怎麼個開幕法？請代表全部起立？政治局

勃列日涅夫（中間佩戴勳章者）與蘇聯官員

委員都是抬着進去的。似乎，安德羅波夫開始並沒有被戈爾巴喬夫說服，但戈氏仍不退縮，他說：「您記得嗎，民間有個說法，叫做：哪個林子下面不帶小灌木叢？」「小灌木叢」打動了安德羅波夫。那麼，是否安德羅波夫直接促成了稍後的「車站會見」？可是，安德羅波夫逝世過快，未留下任何答案。

「小灌木叢」，很精彩。問題是，做哪個林子、誰的「小灌木叢」呢？後來，戈爾巴喬夫結論是：「我想安德羅波夫在我的提拔上是『插手』了，不過他並未對我作任何暗示。」

「車站會見」後三年，大學畢業即回到家鄉斯塔夫羅波爾，並且在這裡幹了25年的戈爾巴喬夫，終於由邊疆進入莫斯科，他當選為蘇共中央書記。當選會議的休息期間，安德羅波夫迎上來，對戈爾巴喬夫說：「祝賀您，『小灌木叢』。」稍令戈氏意外的是，部長會議主席柯西金（Alexei Kosygin）也走過來，「祝賀您當選，很高興您成為我們中間的一員。」

蘇共中央的權力遊戲，戈爾巴喬夫當然敏感。在其自傳裡，他描述隨後與安德羅波夫見面——在戈氏表達自己將不會為取悅誰而改變自己之後，安德羅波夫很高興：「那太好了。因為我看到柯西金已經開始竭力討好你了。要頂住。」戈爾巴喬夫問道：「請您原諒……至今我認為我們倆是朋友。現在有什麼變化嗎？」安德羅波夫回答：「沒有。沒有！此話不假，我們倆是朋友。」這當然是一個盟約。

在自己的回憶錄裡，除去為自己辯護的部分，戈爾巴喬夫足夠坦率。當選中央書記會議結束後，回到飯店，「有人在等着我：您可以使用吉爾轎車（編按：Zil 這款車在前蘇聯時代曾是權力的象徵。），房間裡高頻電話已經安好。您將有一名值班軍官，所有的差事都可交給他辦……親眼所見使我信服了 KGB 機關和中央辦公廳辦事之乾淨利落。」另外一位從邊疆區來到莫斯科中央的葉利欽，在身份轉換之際，對待遇的敏感一如戈爾巴喬夫，他注意到：「特供商品中最好的東西是藥物。這是在專門的車間製作的，並經過特殊的醫學檢驗，有好幾層包裝，上面還有好幾個醫生的簽名。」

葉利欽在1989年競選蘇聯人大代表時，出版了他的第一本自傳，在這本自傳裡，他用相當大的篇幅描述了「克里姆林宮貢品」制度：「中央書記和政治局委員、候補委員都是乘專機，伊爾—62 或圖—134。在乘機時，一個人身邊有好幾個保鏢和服務員。有趣的是，這一切

都不是屬於他們自己的。所有最好的東西——別墅、特供物品，與外界隔絕的特供場所——全部屬於這一制度。這個制度可以將這些享受賜予你，也能從你手中再奪回來。」

雖然後來葉利欽與戈爾巴喬夫彼此都指責對方如何享受這種特供制度，並且貪得無厭，但回到他們晉升之初，他們的震驚，以及力圖改變這種制度的真誠，還是不可否認的。

晉升中央書記之際，戈爾巴喬夫所關注的制度，更是屬於政治尤其是黨務部分：「蘇維埃日益成為地方利益的代表者，人民委員部則成為部門立場的體現者。黨開始充當捍衛『全國利益』的整合力量。中央和地方的黨委漸漸開始越權代行國家機關的職能。不僅具有極權性質的權力機構發生變化，黨本身和黨的職能也在發生變化。它已不是一般的社會政治組織，而是社會管理機構，是正在形成的官僚命令體制的承重結構。」

無論戈爾巴喬夫還是葉利欽，在其回憶錄裡敘述各自晉升中央之初，「小灌木叢」都渴望改革國家之夢想，十分醒目，而且真誠。只是，他們選擇的道路，並不完全相同。

1982 年 11 月 10 日，勃列日涅夫辭世；安德羅波夫出任蘇共總書記，15 個月後，辭世。即使戈爾巴喬夫也不諱言，無論安德羅波夫的願望，還是實力，此際應由他出任總書記。但是，總書記之位，由年老病重的契爾年科接任。幸好時間也僅一年，契爾年科辭世。

1985 年 3 月，54 歲的戈爾巴喬夫出任蘇共中央總書記。

反對者葉利欽

雖然跟戈爾巴喬夫一樣的年齡，但葉利欽的仕途遠沒有戈氏順利。在戈爾巴喬夫當選蘇共中央總書記差不多一個月之後，葉利欽才接到了從莫斯科打來的長途電話，蘇共中央書記建議他到莫斯科工作，出任蘇共中央建設部部長。

作為同樣邊疆州斯維爾德洛夫斯克州（Sverdlovsk Oblast）第一書記，葉利欽描述邊疆蘇聯人與莫斯科蘇聯人的關係：當時全國盛行一種莫斯科綜合症，這種綜合症表現獨特。其一，人們對莫斯科人一方面感到反感，另一方面又非常渴望遷到莫斯科，並且希望自己也成為莫斯科人，這其中的原因和根源十分明確。不是因為莫斯科人好，而是因為在當時那種緊張的社會經濟形勢下首都還算不錯，也有當時總想搞一些波將金（Grigory Potemkin）那種裝樣子的

村莊的原因（編按：波將金，十八世紀俄羅斯陸軍元帥，女皇葉卡捷琳娜二世〔Catherine II〕的情人。他在女皇巡幸的地方建立假繁榮的「波將金村」粉飾太平，後世以此諷刺那些擺樣子的假東西。）

但是，葉利欽拒絕出任建設部部長。

直率大體是葉利欽天生的性格。葉利欽解釋自己的拒絕：我這個中央委員在州委幹了九年半的第一書記，一下子把我抽調到莫斯科去做中央建設部的部長，這似乎不符常規。斯維爾德洛夫斯克州的生產在全國排第三位，先前州黨委第一書記都是去做中央書記，這是傳統，而憑什麼卻讓我去做一個部長？

從建築工地起步的葉利欽，性格火爆，而且他以此為傲。在自傳裡，他記錄他當總工程師時與局長的關係：「有時他（局長）來工地嚷嚷一番，但我如果認為自己的做法正確，就不聽他的，我行我素。這使他氣得發狂。有時，我同他坐在同一輛車裡，如果同他頂上幾句，他就將車在半路一停，說：『給我滾下去！』我說：『我就不下去，哪怕將我送到哪個汽車站也行。』我們就這樣在車中面面相覷，甚至要僵持半個小時到一個小時。他不止一次地向市委提出將我撤職。」

雖則如此性格，但中央政治局決定的任用命令，還是無法真正拒絕的。葉利欽來到了莫斯科。葉利欽之所以能夠成為莫斯科人，實則跟戈爾巴喬夫關係與作用甚大。只是，後來兩人成為政治上的對手，這一節便被輕輕放過。

當時有人指責葉利欽在莫斯科第一書記位置上，對下面區委書記撤換太多，葉利欽對此頗為不服：「在我任職期間，有 60% 的區黨委第一書記被撤換。可戈爾巴喬夫上台後有 66% 的州黨委第一書記被撤換。所以，從這方面講我和戈爾巴喬夫可以展開一場爭論，是誰在幹部問題上做得過了頭。」── 換上自己認可的幹部，這是蘇共體制核心法寶之一。戈爾巴喬夫成為蘇共中央總書記，不是沒有挑戰者。當時的莫斯科第一書記格里申（Viktor Grishin）被授權起草政治局成員名單，這份名單裡竟然沒有戈爾巴喬夫的名字。格里申想當黨的首腦，這是蘇共中央眾多委員共同的推測。但顯然，這個時候，誰也比不過戈爾巴喬夫有聲望，他順利當選。在戈爾巴喬夫計劃換掉的 66% 的州委、市委第一書記名單裡，格里申自然排名靠前。誰來接任呢？

答案很快揭曉。上任僅兩個月，葉利欽被選為蘇共中央書記，同年年底，出任莫斯科市委第一書記。莫斯科市委書

記、《真理報》第一副主編回憶他跟戈爾巴喬夫的一次休息室見面：話題談到蘇共莫斯科市委第一書記時，戈爾巴喬夫禁不住脫口說道：「唉，要是再有那麼幾個葉利欽，我們就會更快地推進改革嘍！」

很遺憾，戈爾巴喬夫與葉利欽的「蜜月期」僅兩年時間。

看起來莫斯科的工作並不那麼容易，在任市委第一書記接近兩年後，1987年9月總結莫斯科的工作，沒有完成計劃的企業達到39個。而且33個區中也僅有5個區完成了任務。後來，在蘇共會議上，戈爾巴喬夫理解的葉利欽所說的原因是：他表示關於必須在最近兩三年內達到改善人民生活的提法值得懷疑。——站在歷史的觀點來看，這種判斷，可稱為洞見。

只是，當時葉利欽自己也未必意識到莫斯科工作不見起色的因素何在。在寫給戈爾巴喬夫的信中，他將莫斯科工作不力的原因指向了更高級的領導：「我開始在一些高級領導人的行動和語言中發現一些從前尚未發現的東西。從前，他們關心和支持我們莫斯科的事情以及我的工作，可現在這已被一種冷漠所取代，特別是個別政治局成員更是如此。……我請求解除我蘇共莫斯科市委第一書記、蘇共中央政治局候補委員的職務。」

接到這封信後，戈爾巴喬夫及時的安慰了葉利欽。但隨後事件再起波瀾。在討論慶祝十月革命70周年的政治局會議上，葉利欽毫不留情地向戈爾巴喬夫的報告提出了二十多條意見，「戈爾巴喬夫坐不住了，打斷了會議，氣沖沖地疾步走出了會場。這時，政治局全體成員和中央的書記們一個個都呆坐在那兒，不知如何是好。就這樣，大家僵持了大約三十分鐘。後來，戈爾巴喬夫又回到會場，開始發表看法，不過，不是針對我提的建議的實質，而是針對我本人，並且採取的方式全然是批判的，近乎歇斯底里。」

蘇聯解體後，這一歷史事件的各個當事人都出版了自己的回憶錄，曾經諱莫如深的蘇共政治局會議，特別是其衝突，終有接近事實的披露。

稍後蘇共中央又召開了一次中央全會，在這次會議上，葉利欽再次要求發言，這次發言，公正地說，葉利欽意識到了已經開始改革的蘇聯的癥結，「以傳統方式改造傳統蘇聯難以成功」。他說：「代表大會談到了2至3年內完成改革，兩年已經過去了，或者正在過去，現在又重新說，還需要2至3年，這使人民不知所措，使黨不知所措。我們曾

1989 年 3 月，葉利欽競選蘇聯全國人大代表，對支持者發表演講。

不斷提出少發文件，可下發的文件一直很多。這些文件在地方引起人們應付的態度，或者說不信任的態度。然而決議還是一個接一個地被制訂出來了……」

葉利欽所述種種，確實是當年蘇聯變革艱難的原因之一。只是，很遺憾，葉利欽的表述方式，不是那種容易被接受，尤其是蘇聯最高領導層所能接受的方式。而且，在發言的最後，葉利欽公開、近乎挑戰式的提出：解除他莫斯科第一書記與政治局候補委員職務。

這次會議上，26位蘇共中央委員上台批判葉利欽，葉利欽出局，不可逆轉。

更令人遺憾的是，政見上的衝突，戈爾巴喬夫與葉利欽之間，又演化為情感上的對抗關係。兩次會議之後，戈爾巴喬夫在其回憶錄裡記錄：「（1987年）11月9日，我得到報告，說莫斯科市委發生一起重大事故：在休息室裡發現葉利欽滿身是血。此刻正在搶救。很快事情明朗了。葉利欽用辦公室的剪刀假裝自殺，他的這種做法不可能有別的解釋。」而在葉利欽的自傳裡，他強調兩天後，戈爾巴喬夫即命令仍在住院的葉利欽去參加莫斯科市委全會，「對這個做法，我永遠也不會明白。一定要把一個病人從醫院裡揪出來，以便解除他的職務。即使戈爾巴喬夫對我態度不好，

但他那樣做——那樣不人道，不講道德……也確實讓我沒料到。」

兩個注定要改變歷史的政治家，在情感上不再可能融洽。就任蘇共中央總書記兩年之後，戈爾巴喬夫的「反對者」出現，雖然當時看上去微不足道。因為這對政治對手的極端衝突，蘇聯的制度變遷，若以民主制度建立為觀察軸，有了罕見的戲劇性的傳奇。只是，慣常，我們過於注意的是人事衝突，而忽略他們對制度變遷，特別是新制度建立過程中的強大推動力。

葉利欽被解除了莫斯科第一書記、政治局候補委員職務，但戈爾巴喬夫沒有像他的前任那樣對待政治對手——「斯大林（Joseph Stalin）是殺害，赫魯曉夫（Nikita Khrushchev）是讓他們退休，勃列日涅夫則將他們派往遙遠的國家當大使」，葉利欽被戈爾巴喬夫任命為蘇聯國家建委第一副主席（正部級待遇）。但戈爾巴喬夫在通告這一任命後，告訴葉利欽：「我不會再讓你搞政治。」果真？

蘇聯改革，經濟問題的政治解決方案

戈爾巴喬夫為何要選擇改革？蘇聯又如何解體？——戈氏政治生命的起點與終點，相信將是一直被討論的議題。這兩個疑問，曾經流行的解釋是美國總統列

根（Ronald Reagan）「擠壓戰略」的結果，尤其是「星球大戰」計劃拖垮了蘇聯，列根之後的繼任總統布殊（George Bush，此處指老布殊）即如此宣稱。但是，這個答案讓人着迷，卻不真實。

列根確實採取了「擠壓戰略」，其一對蘇聯進行制裁，禁止西方向蘇聯出口技術；其二以星球大戰計劃為主，掀起新一輪軍備競賽。美國研究者對此戰略基本的共識是：美國在對蘇聯進行經濟「擠壓」之時，日本和西歐一些國家仍然向蘇聯提供技術，澳大利亞、阿根廷和加拿大向蘇聯提供糧食，「美國戰略沒有直接導致蘇聯的改革」；同時，美國在武裝「星球大戰」之際，蘇聯的選項卻是主動削減武器，完全不對稱，何言「競賽」。真正的「國際因素」，研究者考古斯認為：「1980 年後損害蘇聯的不是美國施加的經濟壓力，而實際上是油價的下跌、貨幣的貶值以及西方國家的銀行家作出不再貸款給莫斯科的欠有債務的東歐盟友的這一決定。」蘇聯解體20 年後，更從容地觀察過去的蘇聯，這幾種因素，作用更彰，值得細說。

蘇聯內部的自身的因素，才是戈爾巴喬夫選擇改革的關鍵所在。

按蘇聯方面統計，1985 年，蘇聯人均

GDP 為 3,396 美元，不僅落後於西方國家，甚至還落後於亞洲、拉丁美洲一些國家。而其人均收入，則為西方國家的三分之一左右。一般而言，像蘇聯這樣一個封閉的國家，其民眾在當時並不可能有國際比較的概念，所以單由統計數據而論蘇聯人之變革動力，未必有據。只是，蘇聯經濟的短項——農業生產，長期落後卻在此際引發連鎖性反應。蘇聯把國家投資的 27%（美國為 5%）、勞動力的 20%（美國為 3%）用於農業，但農業勞動的生產率卻只有美國的七分之一，因此每年要用寶貴的外匯七十多億美元進口糧食。而八十年代，石油價格猛降 50%，已經低於蘇聯石油開採的成本，這不僅使蘇聯為石油輸出而投資的大量輸油管線成為無效益的投入，也使依靠石油出口維持經濟的計劃成為泡影。其經濟增長率在 1981 年甚至低至 1.5%，危機出現。

這就是戈爾巴喬夫就任蘇共中央總書記時面臨的形勢。

就任總書記的當年，戈爾巴喬夫針對蘇聯經濟發展出現的「停滯」趨勢，提出了「加速」經濟發展的戰略；第二年，戈爾巴喬夫在黨的代表大會上，強調「加速國家社會性經濟發展是戰略方針」，同時指出，必須對蘇聯經濟機制進行根本改革。但是，如此經濟「加速」發展

兩年，其數據顯示，蘇聯經濟反而停滯更趨嚴重。政治強人葉利欽在莫斯科完成不了計劃，而導致他與蘇共中央衝突，即在這一背景之下。

如何理解蘇聯經濟這種越加速越後退？這得重新認識蘇聯式的「計劃經濟」模式。簡單講，蘇聯的現代化之道是選擇中央計劃經濟體制，它在蘇聯早期的電氣化，新的煤礦開採，大壩、鐵路、鋼鐵廠、重工業中心等建設上，是極其匹配的一種經濟模式，但早期的重化工業，以追求經濟數量的粗放式經濟增長，在過渡到經濟內涵集約性增長方式上，卻再也力不從心。所以，越是「加速」，受體制約束，越可能經濟增幅減緩。當石油價格下降，出口難以獲益之時，這種經濟結構性弱點便暴露無遺。

有意思的是，初讀戈爾巴喬夫回憶錄《真相與自白》，會相對疑惑，戈氏對政治變革的熱情，遠遠大於經濟改革。在提出經濟「加速」的同時，戈爾巴喬夫倡導「公開性」——他記錄說，第一次提出，「我的講話既無任何底稿，又未事前與同事們磋商，這給政治局出了個很大的難題」。戈爾巴喬夫的「首席思想家」與「左膀右臂」都支持他把這次提出公開性的講話予以「公開」，蘇聯電視轉播了他的這次講話的錄像。即使後來在回憶錄裡，戈爾巴喬夫仍不免得意：

「當時關心時事的人都應當還記得，這次轉播在全國引起了何等熱烈的反響。」

與這種得意相比，在回憶錄裡，關於經濟部分甚至可以忽略不計。或者戈爾巴喬夫只是一位黨務出身的官僚，只知政治，不懂經濟？這令人疑惑。

經濟與政治的關係，在蘇聯，比我們想像的緊密得多。事實上，戈爾巴喬夫的前任們，在上世紀六十年代就嘗試着改革中央計劃經濟體制並重建經濟，英國研究者卡瑟琳·丹克斯（Catherine Danks）分析：「改革中央計劃經濟的邏輯必然要求有某種形式的決策非集中化，要求國家計劃委員會和莫斯科的中央部委下放決策權力。而捷克斯洛伐克經濟改革的教訓是：將中央決策權力下放，卻迅速擴展為普遍的對更多政治自由的要求。1968年8月，『布拉格之春』被華沙條約組織的軍隊輾得粉碎。對莫斯科的勃列日涅夫領導層而言，這一教訓明顯：對經濟失去控制，會使共產黨的統治甚至使蘇聯社會主義處於危險境地，從而使得改革也陷於危險之中。」

在這一邏輯裡，真實的境況是：在蘇聯，經濟問題，是政治問題。

那麼，反過來，解決了政治問題，經濟問題亦將由此解套。這就是戈爾巴喬夫

1991 年 8 月 22 日，群眾在莫斯科白宮外集會，葉利欽向集會者表示決不接受某些領導者發動的政變。

的思路。如此路徑，非居蘇共總書記之高位，難有此思考，更不可能有此決心。

1987年，戈爾巴喬夫全面闡述了他的經濟改革戰略：「三自一全」——自負盈虧、自籌資金、勞動集體自治、完全經濟核算。1988年，戈爾巴喬夫提出「新思維」，將改革重點從經濟領域轉向政治領域，把政治體制改革作為推動經濟體制改革的決定性因素。蘇聯變革，政治改革主導模式，由此確立。

作為非蘇聯的研究者，而且是在歷史發生之後的研究，目前學術界對戈爾巴喬夫「經濟改革和政治改革同步進行」的基本判斷是：要同時進行民主化和市場化，這完全是一個不可能完成的任務。事實上，甚至是只要實現前面兩個要素的平衡（不帶有其他附加條件），這在歷史上都將是史無前例的。

但是，回到戈爾巴喬夫的歷史現場，在蘇聯獨特的社會主義「政治—經濟」關係傳統裡，尤其蘇聯要維繫一個龐大的意識形態集團這一現實，他有更多的選擇嗎？至少當時，在政治改革主導模式下，對應於蘇聯的國際關係調整，看上去收益匪淺。傳統由蘇聯領導的東歐社會主義國家集團，在軍事上、政治上以華約組織締結緊密關係，經濟關係由經濟互助委員會（「經互會」）統一。其

運行方式：蘇聯以遠遠低於世界市場的價格，向這一組織的成員提供自然資源特別是石油的資助。作為回報，這些國家把它們質量最好的商品出口到西方以獲取外匯，而把質量低劣的產品提供給蘇聯。這當然對蘇聯經濟是巨大的消耗，戈爾巴喬夫改變了這一格局，東歐社會主義國家由此擺脫蘇聯控制而獲獨立，蘇聯也因此擺脫政治與經濟的兩重約束，可以專心進行自己國家的經濟建設。看上去，這是一個非常美妙的解套之策。

這當然讓戈爾巴喬夫對未來充滿信心。只是，戈爾巴喬夫此舉只是解開的第一個「俄羅斯套娃」，蘇聯之於社會主義國家集團的關係，亦如俄羅斯和其他加盟共和國之於蘇聯的關係；社會主義集團既然可以解體，循此邏輯，蘇聯為什麼不可以解體呢？這就是潛在的危險。

任何制度變遷都有成本，只是蘇聯變革的成本之昂出乎設計者預料。

政治變革與葉利欽的機會

公開性、民主化、多元論——這是戈爾巴喬夫蘇聯改革的核心原則。可是，黨語言的正確性，傳播的結果卻是模糊性，無論當時還是現在，理解這三項原則，皆非易事。或許我們需要回歸歷史進程思考，蘇聯政治改革由何處破題？

細看戈爾巴喬夫邏輯，他從邊疆區來到莫斯科，最初對蘇聯共產黨控制模式的理解是：「中央和地方的黨委漸漸開始越權代行國家機關的職能。不僅具有極權性質的權力機構發生變化，黨本身和黨的職能也在發生變化。」——這是他選擇破題的關鍵點。戈爾巴喬夫論述他的政治改革：「如果想簡要地說明政治改革的意思，它是怎樣構思，又是怎樣實施的，可以說，就是把權力從獨家操縱的共產黨手中交到按憲法本應屬於通過自由選舉產生的人民代表的蘇維埃手裡。」這種國家控制權力的轉移，戈氏當然明白，「改革的成敗，尤其在初始階段，完全取決於蘇共對待改革的態度，因為實際上蘇共本應自動捨棄原來的獨裁專制。」

簡單講，戈爾巴喬夫的政治改革路徑，是將國家控制權力由蘇聯共產黨，轉移到憲法規定的人民代表大會及其最高蘇維埃——對應西方概念，則為「議會」。所謂制度變遷，實則是權力來源以及發生方式的改變，最終它將是再造權力中心，戈爾巴喬夫啟動了這個目標為「民主化」的制度變革。戈爾巴喬夫後來頗為詩意地描述這一過程：「現在大家都已經意識到，我們國家這艘大船多年來一直繫在同一個碼頭，如今已經啟航，要去作一次未曾體驗過的航行。」

從理念到具體的操作，按照戈氏邏輯，政治變革微觀層面的變革，憲法規定的蘇聯最高權力機構——人民代表大會制度裡的「人民代表」，則將需要「民主」選出。

政治永遠不是靜態的邏輯論述與結構安排，它是制度之下，各個強悍的個體，以自己的智慧與力量競爭而出的一個結果。「人民代表」的民主選舉，給雖則是正部級，也是蘇聯國家建委第一副主席，實則為冷板凳的葉利欽帶來了「政治機會」。他渴望在戈爾巴喬夫新設計的最高權力機關——最高蘇維埃裡，重新獲得權力。即使簡單梳理蘇聯歷史，這也是巨大變化。被蘇共總書記罷黜的政治廢人，此際有了另外一條獲權路徑——由選民以及選票授權。

研讀蘇聯制度變遷，偶爾不免感歎，葉利欽因為戈爾巴喬夫的制度變革，而有政治生命的新機會；從結果上看，戈爾巴喬夫的制度變革，造就了最終打敗他的政治對手葉利欽。單以冷酷的政治邏輯論，這甚至值得讚美；但回到當事人的情感狀態呢？確實命運弄人。

葉利欽會毫無猶豫投身「人民代表」選舉？葉利欽在自傳裡坦陳了他的遲疑：首先他已銷聲匿跡近一年，還會被認可嗎？其次，如果他果真當選人民代表，

1989 年 3 月 1 日，葉利欽的支持者呼籲改革和創新。

按照規定，他將不能再擔任部長職務，「情況再好，我也只能做一名無業的人民代表。據我所知，沒有哪個部長願意放棄自己的交椅。人民代表很多，而其中的部長卻寥寥無幾。」——政治當然不是純粹的理想主義。不過，葉利欽選擇了參選。

對於像葉利欽這樣由建築工地出身的政治強人而言，政治的戰術選擇才是他的強項。他決定選擇莫斯科作為他的征場，雖則他曾任莫斯科第一書記，但這並不能擔保選民將會把自己的選票投給他。他回到了家鄉，曾在這裡當過 9 年半第一書記的斯維爾德洛夫斯克州，「我告訴老鄉們，不管怎樣我也應當在莫斯科開展我的競選鬥爭。我覺得他們最後還是理解我的。當然他們也說，如果萬一（1989 年）3 月 26 日莫斯科的競選遭到失敗，先不要着急。不管遇到什麼情況，他們都將會設法在這個選舉日使所有的競選人都落選，好讓我有機會在斯維爾德洛夫斯克州取勝，參加第二輪選舉。」——葉利欽安排好了自己獲勝的另外途徑。

就葉利欽的政治命運看，參加「人民代表」競選是一個決定性轉折，在他第一本自傳裡，將參加競選的三個月為敘述結構，極其充分地描述了他的政見和競選行動。

作為蘇聯政府的一位部長，在人民代表競選期間，葉利欽選擇去區門診部看病，「自脫離蘇聯國家安全委員會（KGB）第四局關照後，我就自己照料自己了。我還記得辦理掛號的那個上了年紀的婦女，她記下我的住址、年齡、工作單位什麼的。當問到我的職務時，我回答說是部長。她聽後，手中的筆差點沒掉下來，然後嘟嚕着：『這輩子我還是頭一次見到一個活着的部長到我們這個區門診部來掛號。』」葉利欽走出門診部，電視記者已經候在門外了。而且記者還要求葉利欽再重走一遍從外面進入門診部的過程，好讓他們可以補拍到這個鏡頭。

媒體是戈爾巴喬夫「公開性」最直接的受益人，人民代表選舉之際，塑造政治英雄尤其是政治反對者，是大眾傳播的本能需求。組織傳播與大眾傳播的變化，葉利欽迅速找到了在大眾傳播通道裡成為政治明星的道路。

大眾傳播比單向度宣傳式的組織傳播邏輯複雜。部長候選人葉利欽「親自」去區門診看病，這是結構鬆動時蘇聯傳播極廣的新聞，它也成為競選人電視辯論裡的論題來源。主持人拿出一個群眾的提問紙條：為什麼您總是在群眾中做工作？即便您只是去一下門診部看病，後面為什麼也跟着一幫記者和拍錄像的……

即使是事後的回憶，葉利欽仍然對這位主持人的提問憤怒不已，他堅決拒絕承認自己在作秀，而將此事認定為「組織的人」對他的打壓。所幸，這個故事有一個極有趣的結果。那個拍攝他去門診部看病的攝製組，後來又去專門找到這個問題的提問人，葉利欽記錄：「他們找到了這個人，但這個人沒有給任何人打過電話，沒有提過任何問題，而且，對什麼門診部的事也一無所知。總之，這個人僅僅請求轉告：讓葉利欽放心，我會投他一票的。夥伴們將這一切都攝進了錄像帶，並贈送給我。」

如此結果，似乎證明了葉利欽被「組織的人」迫害的「事實」，但同樣，這一事實也強化了葉利欽作為政治反對者的角色身份。結果沒有意外，葉利欽以89.6%的高票當選人民代表。

稍後，葉利欽與戈爾巴喬夫有了最後一次可能合作的機會。戈爾巴喬夫找到葉利欽，會談近一個小時，葉利欽記錄：「我們交談越多，我們之間互不理解的壁壘就變得越厚。戈爾巴喬夫降低調子，減小了對我的壓力，問我今後的計劃，我準備幹什麼，打算投身到未來的哪類工作中去。我馬上回答：大會將決定一切。戈爾巴喬夫很不喜歡這個回答，他仍然想從我這裡得到某些保證……」很顯然，一如從前戈爾巴喬夫與安德羅波夫那樣的政治結盟，在他與葉利欽之間，機會不復存在。

當選了人民代表，葉利欽辭去了部長之職。「大會將決定一切」，決定什麼呢？簡單看，人民代表大會只是每年一度的集會而已，而由它選舉出來的最高蘇維埃，才是權力中心。沒有部長職位的葉利欽，當選人民代表是第一步，如果不能進入最高蘇維埃，他仍將一事無成，沒有任何政治空間。在最高蘇維埃選舉前，戈爾巴喬夫伸出了橄欖枝，而葉利欽拒絕了。

命運再次跌宕，葉利欽落選最高蘇維埃。還是一個政治廢人。

權力中心：再造或真空

葉利欽的政治命運，綜合來看，宛如過山車，從莫斯科第一書記與中央政治局候補委員的仕途頂點，迅速滑向蘇聯建委第一副主席的低點；而未能進入最高蘇維埃，又失去部長職位，僅僅只是一個「人民代表」，到達政治軌道的最低點。果真，「不會再讓你搞政治」……兩次深度探底，一般研究者描述：葉利欽的心臟病由此而來。

只是，意外才是政治活動的常態。

1991 年 7 月 10 日，蘇聯總統戈爾巴喬夫（右）祝賀葉利欽（左）當選俄羅斯第一任總統。

已經當選最高蘇維埃成員的阿列克謝·卡贊尼克，向大會表示，他將放棄這一資格；而且，他要將這一資格轉讓給葉利欽。絕路逢生，莫過於此。已經探底的「葉利欽列車」，迅速反彈。稍後，他不僅被選為蘇聯最高蘇維埃建築委員會主席，還進入蘇維埃主席團。

此時，最高蘇維埃主席團成員的葉利欽，獲得挑戰戈爾巴喬夫的資格與資源了嗎？

戈爾巴喬夫將國家權力中心由蘇共轉移到蘇聯最高蘇維埃──可以與西方的「議會」同義，按戈氏的解釋是一條民主化的進程。在制度變遷裡，作為一種目標的民主制度當然是一個閃亮的字眼，但是，制度變遷卻遠比想像複雜。蘇共失權，結果是迅速完成權力中心再造，還是形成權力真空，未必可以輕易結論。這才是觀察蘇聯以及後來的俄羅斯演變的關鍵所在。

看起來，這種權力轉移，戈爾巴喬夫胸有成竹，行動起來有條不紊。

戈爾巴喬夫一再將蘇聯最高蘇維埃稱為「議會」，這當然不只是為了向西方解釋的方便，而是他民主化的制度選擇。那麼，這位蘇共中央總書記與新的權力中心關係何在？在這次最高蘇維埃主席選舉中，戈爾巴喬夫以 95.6% 當選。蘇共權力讓渡給最高蘇維埃，戈爾巴喬夫兩種職位的和平轉移，似乎象徵着權力再造的順利。

但是，按民主制度的一般分權設置，作為「議會」的最高蘇維埃，究竟是行政中心還是立法中心？或者仍如蘇共中央政治局，各項權力合併全給最高蘇維埃？戈爾巴喬夫解決這一問題是設立蘇聯總統，行使行政權力，與立法、司法分權。1990 年，戈爾巴喬夫當選第一任蘇聯總統。國家權力，由蘇共中央政治局到最高蘇維埃，再到分權的總統，戈爾巴喬夫憑藉自己蘇共中央總書記的權力與資源，順利地完成了這一系列的過渡。

這個時候，僅僅只是最高蘇維埃主席團成員之一的葉利欽，當然不可能是集蘇共中央總書記、最高蘇維埃主席以及總統於一身的戈爾巴喬夫的「政治對手」，彼此級別差距太大。但是，制度變遷，絕非設立種種職位那麼簡單，也斷非擁有了這種種職位就意味着權力在握。

權力，有其自身邏輯。

列寧（Vladimir Lenin）曾說：一切權力歸蘇維埃。在相當程度上，這是戈爾巴喬夫將蘇共權力轉移給最高蘇維埃

傳統「合法性」的來源。所以，最初的權力轉移，似乎波瀾不驚。但是設立總統制呢？任何一項制度，它都需要「合法性」，亦即需要授權。戈爾巴喬夫需要求助最高權力機構——最高蘇維埃的授權，這其間涉及的利益平衡是中央與地方。蘇聯——蘇維埃社會主義共和國聯盟，由 15 個社會主義加盟共和國組成。那麼，當中央新生出「總統」的行政權力中心之時，15 個加盟共和國，是否也應當設置同樣的機構？

從戈爾巴喬夫的角度看，他很坦率：「我原來並不打算在各加盟共和國設總統職位。這樣做會使我們為提高中央政權的威望已經贏得的成果失去一半的意義。」但是，如此一來，失去地方——加盟共和國的支持，憲法修正案可能得到足夠通過的多數嗎？總統制能夠獲得授權嗎？戈氏感歎，「政治是把握可能性的一門藝術。各加盟共和國在同意給莫斯科更多的特權時，隨即要求得到『他們各自的那一份』。這有什麼辦法呢？」

制度變遷過程中的權力再造，其實質是此際需要在總統、人民代表大會與最高蘇維埃、加盟共和國三者之間獲得一個恰當的權力平衡。如果我們更深遠一些來看待權力「合法性」問題，其間關鍵是，在什麼樣的「共識」之下，蘇聯總統向各加盟共和國總統行使權力，並使各加盟共和國在新的權力制度框架內，建立國家認同？

簡單地看，蘇聯的建立，以兩種認同構成了國家認同，其一、蘇維埃認同，亦即意識形態的社會主義認同；其二、民族認同，15 個加盟共和國，都由各自佔支配地位的民族名字命名，雖然沒有任何一個加盟共和國的民族構成上是單一的。蘇聯人的身份證，記錄着每個人的兩種身份，首先是他的蘇聯公民身份（即他們的國家認同），其次是他們民族身份。蘇聯何以解體？細研各種分析框架，惟有卡瑟琳‧丹克斯的國家認同瓦解最具解釋效力。以身份認同來看戈爾巴喬夫的蘇共中央的國家權力轉移，其隱含的代價則是，它讓蘇聯人民對蘇聯社會主義忠誠和蘇聯的國家認同迅速削弱，結果，第二種認同——民族認同迅速上升，而這一認同則在挑戰蘇維埃中央政府合法性上，提供了一個動員因素和組織性基礎。

蘇共作為權力中心被瓦解之後，實際上，蘇聯進入一個權力真空狀態。最高蘇維埃以及總統制，尤其總統，在加盟共和國權力上升之際，甚至僅僅只是名目上的權力中心而已。

蘇共中央的權力讓渡，以致權力瓦解，直接帶來的在當時未必為人所察覺的是

國家認同的削弱；在這個時候，各加盟共和國也獲得選舉各自地方（加盟共和國）總統的資格，那麼，這些地方「總統」將會以什麼樣的名目，來訴求各自的「國家（實為地方）認同」呢？第二個俄羅斯套娃被打開了。

回顧一下蘇聯在戈爾巴喬夫時代擺脫社會主義意識形態集團的道義責任與經濟負擔——被打開的第一個俄羅斯套娃，蘇聯與東歐社會主義諸國的關係，如果對應於俄羅斯與蘇聯其他 14 個加盟共和國，結構完成一樣。俄羅斯每年向蘇聯其他共和國提供 6,700 萬盧布的純補貼，還有其他三個共和國也跟俄羅斯一樣提供純補貼，但數目分別只有 20 至 50 萬盧布。深入的研究者描述說：俄羅斯人的真實感受是，在蘇聯內部，俄羅斯的經濟、文化和社會都遭到了損害，在它與其他共和國的不利交易中，它把能源以很低的價格賣給其他共和國，而其他共和國卻以很高的價格向俄羅斯提供消費品。但是，對於其他加盟共和國而言，他們的感受又完全相反，蘇聯的文化、民族認同和民族利益其實就是俄羅斯的文化、民族認同和民族利益，「俄羅斯人迅速回到了其專制民族的本來地位，在蘇聯全國上下控制着關鍵位置」。俄羅斯與其他加盟共和國，在蘇聯框架下，彼此並不滿意各自所處地位。

蘇聯既然可以擺脫社會主義國家集團的，循此邏輯，俄羅斯為什麼不可以擺脫蘇聯？「俄羅斯套娃」的結構並無不同，邏輯一致。早在 1989 年的「議會」——蘇聯最高蘇維埃選舉之時，28 位俄羅斯民族代表就已經提出了一個極為鮮明的口號：消除「反向歧視」（即蘇聯其他民族反對俄羅斯）。

1990 年，葉利欽當選俄羅斯最高蘇維埃主席，隨後又當選俄羅斯第一任總統，他的競選口號很明確：「俄羅斯優先」——號召俄羅斯人從蘇聯把自己解放出來。只是，如果只看他們的回憶錄，不深入蘇聯與俄羅斯的深度關係結構，我們未必明白「俄羅斯優先」意味着什麼。

權力爭奪

無論是戈爾巴喬夫，還是葉利欽，1990 年都是關鍵的一年。這年 3 月，戈爾巴喬夫當選蘇聯總統，5 月，葉利欽成為俄羅斯最高蘇維埃主席。看上去，這似乎並不是一種對等的權力關係，一方是國家總統，另一方面只是地方（加盟共和國）主席。但是，如果蘇聯瓦解，擺脫了蘇聯控制之後，誰將會是莫斯科新的、真正的控制者？

作為一個國家，蘇聯的各個權力機構已經就緒，首腦是戈爾巴喬夫。可是，如

果蘇聯作為一個國家本身不復存在了呢？結構未定的這個時期，才是真正的權力真空期。

研究蘇聯以及後來俄羅斯的制度變遷，以民主制度建立的目標觀察，它的特殊性在於，突出而關鍵人物的權力爭奪——戈爾巴喬夫與葉利欽之間的較量，構成了制度生成的基礎性動力。新制度的形成，以蘇聯解體為代價，代價是大是小？可能將一直爭議。

葉利欽的攻擊性直接而粗暴。在為謀求俄羅斯最高蘇維埃主席的競選裡，他的政綱明確針對戈爾巴喬夫：要求俄羅斯主權。在葉利欽闡述的獨立原則裡，包括：公民只能擁有一個加盟共產國的國籍（意味着只能民族身份認同）；建立土地、礦產、領空、森林、水和其他自然資源的共和國所有制；俄羅斯應獨立制訂對外貿易和貨幣金融政策；俄羅斯應擁有自己的國家銀行⋯⋯葉利欽告訴他的選民：「最近幾個月，我事先與美國總統布殊、英國首相戴卓爾夫人，以及幾位日本政治活動家交換意見的情況表明，西方對直接與俄羅斯接觸的可能性給予了積極的評價。我想，俄聯邦外交部不做蘇聯外交部的預備演員，可以擴大自己的權力。但這取決於俄羅斯憲法不做蘇聯憲法的預備演員。」

相比於「根正苗紅」出身的領導人戈爾巴喬夫，像葉利欽這樣性格粗暴而直率的領導人，實在也並不多見，更為有趣的是，他經歷的戲劇性。

在競選俄羅斯最高蘇維埃主席前一個月，葉利欽出訪英國與西班牙。他從英國飛往西班牙的 6 座位飛機，升空後即發現故障——供電系統的故障，與地面失去聯繫，艙內沒有降落傘，周圍又全是懸崖，飛行員不知往哪裡滑翔。最後關頭，飛行員找到了一塊平地，「飛機沒有速度，轟隆一聲摔在了水泥地面上。葉利欽坐在機尾，而機尾恰巧是主要撞擊點」。西班牙首相知道發生了事故，派自己的飛機和警衛人員去接回葉利欽，雖然葉利欽身體狀況極糟，但他拒絕救護，自己走下飛機⋯⋯第二天一大早，葉利欽前往電台接受採訪，失去知覺。醫生診斷為脊柱損傷，建議他住院治療，但葉利欽堅決拒絕，要求把他送回莫斯科；正在爭吵之際，葉利欽再次惡化，不得不送往醫院。檢查結果是：劇烈的碰撞擊碎了一個椎間盤，脊柱骨組織碎片一有輕微的運動就會損傷和壓迫神經。醒過來的葉利欽仍然兩次要求把他送回莫斯科，但醫生拒絕了他的要求，在巴塞羅那（Barcelona）完成了這場手術。手術很成功。

葉利欽的支持者馬上宣佈這是一起有預

謀的飛機事故，指責特工機關要把他殺害在西班牙。這並沒有證據可以證明，但看這一事故的詳細報道，葉利欽再三要求回莫斯科做手術，或許從另外的方面證明他內心的恐懼，他是真誠的相信這起事故並非意外。

要求主權的俄羅斯果真獨立，這將無可阻擋地瓦解蘇聯，並會給蘇聯總統戈爾巴喬夫予致命打擊——國將不存，何來權力？戈爾巴喬夫自然會插手這次選舉，只是他未必會採取葉利欽所恐懼的謀殺手段。戈爾巴喬夫對俄羅斯最高蘇維埃主席競選發表自己的評論，他說葉利欽的主權講話，「其實質就是瓦解蘇聯」——這是準確的評論。但當時的媒體分析：以戈爾巴喬夫的位置而言，他的這番「正確」的評論，對應着的是一種強弱關係，「證明」了葉利欽指責的蘇聯總統對他的打壓，反而激發了葉利欽的支持率。更失誤之處則是，戈爾巴喬夫召集俄聯邦共產黨員代表，指示他們投票反對葉利欽。

人算終不如天算。戈爾巴喬夫屬意的候選人，在第三輪選舉中，以 3 票敗給葉利欽。

葉利欽獲勝之日，出訪在加拿大的戈爾巴喬夫獲悉這一消息。媒體注意到，這位蘇聯總統沒有按常規對獲勝者表示正式祝賀。《泰晤士報》報道：「戈爾巴喬夫面前突然出現了對手。這位蘇聯總統在政治舞台上演出了 5 年。大家都說他沒有對手。現在對手出現了，這就是 59 歲的葉利欽。」《葉利欽傳》的作者還注意到了這一事實：葉利欽當選的第二天，莫斯科真的發生了地震，儘管沒有損失，但人們都有震感。

競爭性的政治舞台，當然引人注意，但真實的生活，卻離不開經濟改革。1987 年，戈爾巴喬夫提出的經濟改革戰略「三自一全」，三年實踐，結果如何？這個時期蘇聯經濟改革所面臨的問題，一如同一時期中國的面臨的挑戰：價格是否「闖關」。如果企業不能制定反映產品真實生產成本的價格，那「三自」（自負盈虧、自籌資金、勞動集體自治）就都不可能實施；而如果放開價格，則將無可避免導致通貨膨脹，從而削弱改革，並使社會不滿。是否、以及如何放開價格，是真正的挑戰。1990 年，蘇聯方面必須面對這一挑戰了。

俄羅斯方面提出的破解之道被稱為「500 天計劃」，即以激進的方式，迅速建立以私有制為基礎的自由市場經濟；而蘇聯部長會議提供的則為漸進的、建立以多種所有制為基礎的可調節市場經濟。戈爾巴喬夫表示他「更欣賞」500 天計劃，但以葉利欽為代表的改革激進

派已經拋棄了他，彼此在經濟改革領域的合作，也將艱難。戈爾巴喬夫由此轉向了漸進的可調節的市場經濟方案，由此取悅於被他稱為的蘇共「保守派」。

公正而言，可調節的市場經濟方案，需要強有力的控制者存在，才可能真正實施。而這個時候，正是蘇聯的權力真空期，這個漸進的美好計劃，並不可能適應蘇聯國情。

戈爾巴喬夫應對的失誤，帶來一連串反應。1990 年西方七國集團為鼓勵蘇聯向民主和市場經濟轉變，曾達成一個蘇聯與西方國家之間的「莊嚴協定」——西方國家答應在 3 年內提供 450 至 600 億美元的援助，以鞏固戈爾巴喬夫的權威並推動蘇聯向市場經濟轉型。但是，這一協定是與「500 天計劃」捆綁的，但戈爾巴喬夫為着政治上的平衡而選擇漸進的可調節市場經濟模式之後，「莊嚴協定」的基礎即使沒有完全消失，也明顯動搖起來。

強悍的對手已經出現，而戈爾巴喬夫手裡的底牌卻越來越少。

8·19 事件

至少在早期，戈爾巴喬夫對民族問題認識不足，尤其對蘇共權力轉移在事實上帶來的國家認同減弱與民族主義上升沒有給予充分的重視。

1986 年底，因為用一位俄羅斯族領導人出任哈薩克斯坦（Kazakhstan）市委第一書記，取代原哈薩克族第一書記，引發群眾騷亂，「我們哈薩克人為什麼要俄羅斯人來領導」？緊接着，克里米亞韃靼（Crimean Tatars）人圍攻莫斯科，要求讓他們返回祖居的家園克里米亞……曾經被強力控制的蘇聯境內的民族問題，此際紛紛出現。1988 年，波羅的海三國「人民陣線」組織先後成立，要求廢除 1939 年的蘇德條約，提出「國家主權宣言」，意外的是，戈爾巴喬夫對這一全球矚目的事件，沒有在意；1990 年，立陶宛宣佈獨立，此時戈爾巴喬夫動員了軍隊，但他失敗了，結果是：原則上不反對立陶宛脫離蘇聯。這是一個具有標誌性意義的先例。

在這一系列背景之下，再來觀察葉利欽的「保衛俄羅斯不受中央支配」的宣言，以及「俄羅斯優先」之下的主權申張與獨立要求，基本上可以認定，無論你多麼不喜歡社會主義及其意識形態，但它的瓦解，必然的代價之一，就是民族主義思潮的興起，以及獨立運動。

制度變遷，遠非設立一個總統的新職位那麼簡單。

戈爾巴喬夫總結他的 6 年執政生涯，分三個階段：第一階段，1985 至 1988 年，包括 1988 年，是探索、試驗和犯錯誤的時期；第二階段，1988 至 1990 年初，民主化時期；第三階段，1990 至 1991 年，社會力量、民族力量和政治力量放手進行鬥爭的時期。加盟共和國獨立浪潮之下，蘇聯人數最多、面積最大的俄羅斯提出的主權主張，戈爾巴喬夫將如何應對？

顯然，這個時候，戈爾巴喬夫需要應付的還不僅僅是激進的要求獨立的加盟共和國，與這種激進力量對應，他還需要面對另外一種勢力。戈氏描述這兩種極端力量：「一是要搞垮蘇聯；二是要恢復高度集中的極權主義國家體制。」蘇聯要不要存在？如果存在的話，應該以什麼樣的方式存在？戈爾巴喬夫的解決之策是：交給全體蘇聯人民決定，全民公決！

1991 年 3 月 17 日，「你認為有必要保留一個由具有平等主權和共和國組成、任何民族的人權和自由都將得到充分保障的聯盟式的新蘇聯嗎？」—— 全蘇聯就此全民公決。有 80% 的選民參加了投票，結果有 76.4% 的公民投了贊成票。這是一個保留蘇聯聯盟的全民選擇。

蘇聯需要存在，那麼，未來的蘇聯聯盟將以什麼樣的方式存在呢？蘇聯中央政府與各加盟共和國經過反覆討論，當年 8 月確定了新的聯盟草案。最簡單地概括這一聯盟草案：聯盟的成員身份是自願性的，共和國的法律優於聯盟的法律，而且徵稅權力也將移交到各共和國。蘇聯最高蘇維埃將被解散，而中央部委要麼被解散，要麼僅僅變成一個各共和國之間的協調機構。—— 如果從蘇共的角度看，這一草案與蘇聯解體無異。

這一草案最後的爭議是：聯盟稅。戈爾巴喬夫回憶說：「俄羅斯領導人一直不同意建立聯盟稅，而沒有聯盟稅，聯盟國家便無法存在，聯盟機構被置於向各共和國乞討的地位，難以發揮它們所肩負的職責。最後，終於找到了一個妥協辦法，葉利欽才撤消了最後一條反對意見。—— 通過固定的稅率特制定了統一的聯盟稅和徵收法，該稅率是在聯盟支出條款的基礎上和各共和國協商規定的。」這一草案將於當年 8 月 20 日簽署。葉利欽仍然猶豫，戈爾巴喬夫搞定了最後一個細節：「起初他（葉利欽）對我建議將各共和國代表團就座的位置按字母順序排列很不理解。經過解釋，這樣安排俄羅斯正好居於中心位置，他的顧慮打消了。」一切準備就序，從草案到簽字細節，蘇聯的新聯盟呼之待出。

戈爾巴喬夫對蘇共的評論一直不太正

1991 年 9 月 1 日，俄羅斯總統葉利欽（左）與蘇聯總統戈爾巴喬夫（右）在會議上交談。

面，其中最著名的判斷是：「先鋒隊倒退為後衛隊」。在戈氏改革的路徑裡，過去的龐大的利益集團蘇聯共產黨，是被削弱的利益集團，他們成為「後衛隊」也是正常。但是，政治活動是無可抱怨的，政治家必須面對並且恰當地處理這一利益集團。朝着自己目標前進的戈爾巴喬夫，似乎沒有足夠理解並解決好這一利益集團的「利益善後」事宜。這一潛在危機，隨着蘇聯新的聯盟草案簽署，即將引爆。

1991 年 8 月 15 日，在蘇聯的新聯盟草案簽署的前五天，《莫斯科新聞》周報公佈了聯盟條約草案，這一草案令人震驚，而先前是準備簽署完畢再公之於眾。這是引爆後來「8·19 事件」的關鍵因素。而戈爾巴喬夫分析為什麼會發生後來的「政變」：「溢出忍耐杯子裡『最後一滴水』，就是失去個人權力的擔心。」

在完成聯盟條約草案最後的討論裡，戈爾巴喬夫與葉利欽討論了幹部問題：「談到必須大力更新權力機構的上層領導班子——幾位副總理，特別是要害部門的領導人。提出了亞佐夫（Marshal Yazov，蘇聯國防部長）和克留奇科夫（Vladimir Kryuchkov，KGB 主席）的具體問題——他們退休的問題。當時葉利欽很不自在，他好像覺得有什麼人在一旁偷聽。他甚至幾次起身走到涼台去查看一下，這說明他確實感到有些不安。」葉利欽的直覺是正確的，「我們的談話被錄了音」。

結果，包括亞佐夫與克留奇科夫在內的蘇聯副總統、總理、內部部長……等蘇聯高官決定成立國家緊急狀態委員會，以挽救並且捍衛蘇聯的統一。一直隱而未彰的蘇共「保守派」開始發力，力求絕地反擊。

1991 年 8 月 18 日傍晚，國家緊急委員會成員去到戈爾巴喬夫休假的別墅，他們建議戈爾巴喬夫親自簽署緊急狀態命令，被拒絕。戈爾巴喬夫記錄下了這一過程：

「那您就授權給亞納耶夫（Gennady Yanayev，副總統），『髒活兒』我們來做，然後您再回來。」

再拒絕。

「那麼，您辭職也行。」

「別指望我辭職。你們是在犯罪，你們對自己的冒險行為是一定要負責任的！」

戈爾巴喬夫非常憤怒他的蘇共同僚們的作為。但他也由此失去自由，所有電話

以及其他通訊方式被切斷，被拘禁在福羅斯別墅。

第二天，蘇聯緊急狀態委員會宣佈蘇聯進入「緊急狀態」，史稱「8·19事件」。

在宣佈蘇聯進入緊急狀態之時，葉利欽還在睡覺。前一天他在哈薩克喝了一頓大酒，後半夜才飛回莫斯科。他的小女兒叫醒了他：「快起來！莫斯科發生政變了！」「你們怎麼，跟我開什麼玩笑？」……葉利欽醒了。隨後迅速起草了一份《告俄羅斯公民書》：我們過去認為，現在仍然認為，這種武力手段是不可取的。它在破壞蘇聯在世界面前的名譽，損壞我們在國際社會的威信，把我們拉回到冷戰時代，在國際社會中把蘇聯孤立起來。所有這一切迫使我們宣佈，取得政權的所謂委員會是非法的。與此相適應，我們宣佈，該委員會的一切決定和命令都是非法的……

葉利欽迅速去到俄羅斯最高蘇維埃所在地「白宮」，這天中午，葉利欽離開辦公室，走向人群。這時，白宮周圍已經聚集了將近一千人。葉利欽爬上塔曼坦克師 110 號坦克，對着蘇聯記者，更多的是西方記者的電視攝像機宣讀了他的《告俄羅斯公民書》，號召俄羅斯人民抵抗緊急狀態委員會。莫斯科「政變」新聞，馬上成為全球性突發事件，「站

在坦克上的葉利欽」──葉利欽用這種抵抗者的形象，在第一時間裡定義了這一事件。

葉利欽的衛隊長很擔心場面失控，美國人建議在突擊發生時給葉利欽提供政治避難──美國駐蘇聯大使館就在白宮附近。緊急狀態第二天夜裡，葉利欽正在醫生房裡打個小盹，槍響了！葉利欽的衛隊人員叫醒葉利欽，下樓直奔車庫，坐進車裡，準備出發。葉利欽徹底清醒過來，「你們是要去哪兒？」「美國大使館，200 米就到！」葉利欽斷然喝止住了他們，「返回去！」葉利欽上樓，回到自己的辦公室。衛隊人員實在無法，最後只能說服他去了地下室。

緊急狀態第三天下午 5 時 45 分，戈爾巴喬夫別墅裡被切斷的電話接通了，他重新恢復了自由。戈爾巴喬夫第一個電話打給了葉利欽……這天深夜，在葉利欽的人馬陪同下，戈爾巴喬夫回到莫斯科。參與「政變」的蘇聯高官迅速被捕。

1991 年 8 月 22 日，恢復自由回到莫斯科的第二天，戈爾巴喬夫宣佈：辭去蘇共總書記的職務，建議中央委員會自行解散，讓各個黨組織獨立自主地決定自己以後活動的問題。在解釋自己「解散」蘇共這一決定時，戈爾巴喬夫說：「如果說誰出賣了誰的話，那不是我出賣了

黨，而是黨的領導和它的大部分的機構出賣了自己的領袖。」

蘇聯與俄羅斯

回到莫斯科重新去克里姆林宮上班的戈爾巴喬夫，在去辦公室的路上，跟一位西方記者發出自己的感歎：「我從福羅斯（被拘禁之地）來到另一個國家，已經不再是原來的我，而是另一個人了。」戈爾巴喬夫與葉利欽之間，兩個強人的對抗，結果出現：他輸了。更令人感歎的是，是戈爾巴喬夫的同僚們，政治上的「保守派」，幫助激進派葉利欽完成了權力逆轉。

在與葉利欽的見面時，葉利欽的「命令」很直接：「我們有着痛苦的經驗，8月使我們學到了很多東西，因此，我請求您，從現在起，任何人事變動必須經過我的同意。」在自己第二本自傳《總統筆記》裡，記錄這段命令之前，葉利欽還寫道：「我不知道他自己是否明白我們之間關係的性質已發生很大變化。」戈爾巴喬夫很快就明白了這種變化。

回到莫斯科，戈爾巴喬夫簽署叛亂後的第一批任命，重新任命國防部長與KGB主席。這天深夜，葉利欽通過電視報道知道了這一任命，時間雖然非常晚了，

但他仍然給戈爾巴喬夫打來電話，指責這一任命；戈爾巴喬夫申辯說：文件已經簽署。這個理由沒有打動葉利欽。「第二天一大早，我便驅車趕到戈爾巴喬夫的住處，我的第一個要求就是立即讓新任命的國防部長辭職。戈爾巴喬夫儘管反對這樣做，但最後卻不得不承認犯了一個錯誤，他說：『讓我考慮考慮，看看怎麼糾正過來。』『不行』，我說，『您不當着我的面處理完這個問題，我就不走，請您把國防部長直接叫到這兒來，讓他辭職。』」

任命還不到一天的國防部長被叫來了，戈爾巴喬夫當着葉利欽的面，通知他：辭職，退休。新任KGB主席，也是同樣的命運。想想這一場景，情何以堪。

作為蘇聯總統，戈爾巴喬夫還有自己最重要的使命，即被「政變」打斷了的新聯盟條約需要尋找重新簽署。但是，戈爾巴喬夫雖然仍然是名義上的蘇聯總統，但總統這一職位所需要的權力資源，他已經喪失，對未來蘇聯走向的影響力與控制力也已消失。

1991年12月8日，俄羅斯、烏克蘭、白俄羅斯總統在明斯克（Minsk）的別洛韋日密林（Belovezhskaya Pushcha）秘密簽署了協議，宣佈由三國組成「獨立國家聯合體」。三國發表

的協議聲稱：「制定新聯盟條約的談判陷入死胡同，共和國脫離蘇聯和建立獨立國家的進程已成為現實」，「蘇聯作為國際法的一個主體和一種地緣政治現實已不復存在」。雖然這年 3 月有過一次全蘇全民公決，贊成保留蘇聯，但這一全民公決沒有阻止蘇聯的解體。

在先通知了美國總統布殊之後，他們將這一決定告訴戈爾巴喬夫。

葉利欽記錄簽署這一協議的時刻：「我們真的要永遠把烏克蘭和白俄羅斯『放走』，用這份協議書給他們以牢固的、與俄羅斯同等的地位了。蘇聯帝國的喪鐘敲響了。我知道有人會指責我，說我是報復戈爾巴喬夫，說單方面擬定的協議只不過是剝奪其權力的一種手段。我知道，現在這些指責將伴隨我的一生。因此，這個決定尤為沉重。除了政治責任外，還要承擔道義上的責任。我清楚地記得：在那裡，在別洛韋日密林，某種自由、輕鬆的心情會油然而生。簽署了這份協議，俄羅斯就選擇了另一條發展道路。問題不在於使 100 年前征服和兼併的部分脫離原來的帝國。文化、生活、經濟和政治的一體化，或早或晚一定會實現，因為這些部分反正要留在共同協作地區。俄羅斯走上了和平、民主、非帝國的發展道路……」

一個龐大國家的解體，二億多人民的分裂，除了沉思，任何感歎，都顯菲薄。

帶領蘇聯這艘大船，「去作一次未曾體驗過的航行」的戈爾巴喬夫，沒有將國家帶向他希望的彼岸，這艘船沉沒了。1991 年 12 月 25 日，戈爾巴喬夫發表電話講話，宣佈辭去蘇聯總統職位。戈爾巴喬夫當然有些傷感，在辭去蘇共總書記時，他沒有獲得任何問候；在辭去蘇聯總統之後，「任何歡送會也沒有。獨聯體各國領導人沒有一個人給我打過電話。無論是離職當天，還是離職以後，三年多時間裡，從來沒有誰給我打過電話」。

在辭去蘇聯總統的當晚，戈爾巴喬夫需要將最高統帥權力，特別是核按鈕的「小提箱」移交給俄羅斯總統葉利欽，這一切約定在克里姆林宮戈爾巴喬夫辦公室裡完成。移交時間過去了，葉利欽沒來……稍後，葉利欽讓人報告，他建議在「中立地點」——「葉卡捷琳娜大廳」完成儀式，這是一個通常和外國領導人進行會晤的地方。

蘇聯解體了，俄羅斯的生活還得繼續。

獨立後的俄羅斯，葉利欽實施的第一項政策，是拯救經濟的「休克療法」。戈爾巴喬夫用 6 年時間，以政治改革促進

經濟改革，並沒有結出成功之果，葉利欽必須破解經濟難題，以證明他更具領導力。

哈佛大學經濟學教授傑弗里·薩奇斯（Jeffrey Sachs）在為波蘭經濟轉型提供的方案裡，提出「休克療法」，對同樣由中央計劃經濟轉型為資本主義經濟的俄羅斯而言，這個已經在波蘭被證明有效的經濟策略，既現成，也似乎經過了檢驗。簡單而言，所謂休克療法，首先建立在對漸進的方法批判基礎之上，漸進方法被認為只可能建立一個不協調的混合經濟，而在這個不協調的混合經濟中，中央計劃經濟的殘餘將削弱和損害市場改革，並讓傳統共產主義精英保留太多的權力。薩奇斯建議：休克療法應該從物價和貿易自由化開始，並確保控制貨幣供給為目標的宏觀經濟穩定。這一方案，當然跟「500 天計劃」同一思路。

休克療法很輕易地破解了戈爾巴喬夫經濟改革時的「價格」難道，它的選擇簡單：放開物價！結果，邏輯論證裡無比美好的休克療法，當價格一經放開，第一個月，通脹即達到 460%，而實施休克療法的第一年，通脹竟達到了驚人的 2,600%。

休克療法將導致物價上漲，這當然在設計者的預料之中，只是沒有料到會通脹到如此程度。當然他們還有另外一個可以救市的辦法。薩奇斯的休克療法必備的外部條件是：西方的經濟援助、外債減免和新的貸款。波蘭採取休克療法時，它的所欠外債即被勾銷。可是，當葉利欽 1992 年 1 月開始推行休克療法時，俄羅斯繼承下來的外債並沒有得到減免。西方七國集團派出「討債人」，結果俄羅斯同意承擔蘇聯 61% 的外債，而這一債務，僅 1992 年一年要償還的債務本金利息和利息的利息，就達 123 億美元。即使美國人薩奇斯也指責這是西方國家對俄羅斯的「背叛」。後來，薩克斯統計：1990 至 1991 年，俄羅斯得到了 156 億美元的西方援助，但這筆貸款中的 131 億美元被用來支付債務利息。其結果是：到達俄羅斯的西方援助中的大部分被用來償還西方的債務，因而不能投資到俄羅斯的經濟中去。

西方政治家的許諾與實際的行動，並不吻合。葉利欽領導的新俄羅斯，沒有在蘇聯解體的結果裡獲得想像中的西方的援助。1992 年底，高達 2,600% 的通脹實在不是任何國家可以承擔的，葉利欽決定放棄這一經濟政策。

超級總統制

以政治改革促經濟改革之道，行不通；

用休克療法拯救經濟，仍然不通。其間實質，實則證明了亨廷頓（Samuel P. Huntington）的理論：轉型國家如果沒有強有力的國家權力控制，轉型不會成功，而是帶來混亂。那麼，趕走了戈爾巴喬夫，並贏得了俄羅斯獨立的葉利欽果真就獲得了絕對的權力，並走出了蘇共瓦解後的權力真空期嗎？沒那麼簡單。

觀察蘇聯以及俄羅斯，政治演變才是關鍵。同樣，如果以民主制度建立為思考與分析路徑，去除各種複雜因素之後的俄羅斯，更是好樣本。

一般政治分析家研究「8·19事件」——使葉利欽獲得空前聲譽的事件，都很疑惑他為什麼不趁此人氣高漲之際，解決俄羅斯自身的權力結構與制度安排。當時，他離開了莫斯科去休假了，回來之後，就宣佈採取休克療法。他很輕易地跳過了不完善的俄羅斯制度陷阱。但是，陷阱終究是跳不過去的。

簡單地講，戈爾巴喬夫瓦解了蘇共中央的權力，將蘇共中央的權力轉移至蘇聯最高蘇維埃，並設計出總統職位為行政首腦。俄羅斯也套用這一制度，但是，這一制度的權力關係並未理清。先是「一切權力歸蘇維埃」，然後又有「總統制」——真問題就是：這種民主制度結構，究竟是「總統制」民主制度，還是「議會制」共和制度？蘇聯由於迅速解體，沒有機會去解決這一問題，而俄羅斯必須解決「立法權」與「行政權」，誰才是最高國家權力。

顯然，葉利欽會毫不遲疑地選擇「總統制」，但他所選定的俄羅斯最高蘇維埃主席哈斯布拉托夫（Ruslan Khasbulatov）也會這樣認同嗎？當然不會。1992年底，休克療法失敗，成功的挑戰者葉利欽，遇到了自己的挑戰者哈斯布拉托夫。俄羅斯仍然處於最高國家權力未定的真空期。俄羅斯人，葉利欽與哈斯布拉托夫有能力與智慧用民主的辦法解決這一衝突嗎？

最初是不協調，總統葉利欽要求的副手人選，在哈斯布拉托夫領導的「議會」竟然三次未能通過；然後是衝突，葉利欽提交的新憲法草案被拒絕，而且人民代表還要求：一切重要政治和經濟活動均要置於大會監督之下。事實上，這意味着葉利欽已失去權力。「那個晚上，我猛地衝進浴室，關上門，閉上雙眼，仰面躺着。坦率地說，真可謂思緒萬千，心情煩躁……甚至糟糕透頂。」這一結果讓葉利欽極端憤怒，他被衛隊長從浴室裡「拯救」出來之後，想清楚了問題的癥結：「人們今後是想同總統一起生活還是與代表一起生活？上帝在那天晚上給我的至親們指點了迷津。」

葉利欽開始反擊。他決定傚倣戈爾巴喬夫，舉行全民公決：決定是否採取總統制。很遺憾，俄羅斯最高蘇維埃召開的人民代表大會非常會議，拒絕批准舉行全民公決。衝突開始。

葉利欽宣佈特別行政法，決定舉行全民公決和實行總統制。如此一來，意味着人民代表與最高蘇維埃徹底失權。隨後，俄羅斯憲法法院裁定：總統違憲。於是，人民代表啟動彈劾總統程序——在法律的程序裡，葉利欽面臨危機，他的權力第一次需要面對重大的挑戰。這是葉利欽可能失權的機會，也是俄羅斯民主制度可能會發生變化的關鍵時刻。葉利欽的衛士長後來回憶總統方面的準備：「一旦出現不利情況，斷水、斷電、停暖氣，一切能停的都停……參與行動的軍官事先知道，從什麼地方把那名代表制服，並帶出大廳。街上有豪華大客車。」總統要制止可能的不利。葉利欽比所有人都先知道了結果：那顆子彈沒有打中他，貼着太陽穴呼嘯着飛過去了。第二天，哈斯布拉托夫宣佈：「大多數代表……差點兒將總統彈劾掉。」

由此，葉利欽獲得了全民公決的機會，他獲得了票數上的信任。更嚴謹的分析是：「這次全民公決的結果並沒有給葉利欽帶來一個決定性的授權協議，而且也並沒有解決總統和議會之間的僵局。」

葉利欽開始迅速制定以總統制為基本結構的新憲法，但他仍然繞不開的問題是：這個憲法注定不可能被俄羅斯最高蘇維埃及其人民代表大會批准。如何破局？

1993 年 9 月 21 日，葉利欽發佈第 1400 號總統令：解散議會。雙方攤牌了。憲法法院召開緊急會議，以 9 票對 4 票裁定葉利欽的命令違憲。由此，最高蘇維埃也據憲法法院的裁定做出自己的結論：俄羅斯總統葉利欽職務自動撤消，權力自動移交副總統。然後，最高蘇維埃的人民代表堅守他們的辦公地點——白宮。過去葉利欽在此向戈爾巴喬夫發動攻擊之處。

1993 年 10 月 4 日清晨，俄羅斯坎捷米羅夫師的 10 輛坦克開進莫斯科，最後的、武力的解決行動即將開始。葉利欽與哈斯布拉托夫誰也沒有找到和平的、民主的解決衝突之道。

在最後攻擊之前，葉利欽的人馬已經從國家貨幣發行局支取了 10 億盧布；之後，又支取了 110 億盧布。這些錢有着奇怪的收款人，全部是參戰的士兵。後來俄羅斯記者調查的結果頗匪夷所思：給予參加 10 月 3 至 4 日事件的俄聯邦部隊所有軍人，其中包括包圍和攻打俄羅斯蘇維埃宮者支出經費：列兵一次性支 10 萬盧布；軍官，一次性支出 20 至

50 萬盧布。給予 12 名攻打蘇維埃宮的坦克乘員——軍官自願者每人發 500 萬盧布……這是一個漫長的名單。

用自己的軍隊攻打自己的人民代表，不可能有正義。當然，有金錢。

接近中午，坎捷米羅夫師的坦克開火了，戰爭與死亡似乎將不可逆。任何國家的歷史，血腥衝突時刻，歷史的旁觀者總是渴望奇跡出現，但它總是不來。很意外，葉利欽的這次震驚世界的炮擊白宮事件，結局卻是一個逆轉。俄聯邦人民代表安德羅諾夫記錄了這個過程：

下面，在 2 樓的緩步台上，再次出現了 2 名軍官。其中 1 人手拿一塊綁着白抹布的鐵絲，另一個着綠色防彈衣有護肩的黑頭髮軍官清晰地說道：我是「阿爾法」反恐特戰組組長。我們奉命攻打白宮。命令我們以炮火消滅你們。也就是說，你們幾乎全部都將被打死。因此，你們最好還是投降……離「阿爾法」開始攻擊只剩 20 分鐘了。

軍官說：我們應當執行攻擊你們的命令。我們「阿爾法」特戰組在喀布爾攻打過阿明的總統府，幾乎全部犧牲在那裡。可是我們不想打死自己的同胞……可不管怎麼說，就要對你們發起進攻了。將要用坦克開炮，用戰鬥直升機發射導彈。因此，我請求你們快點屈服。

白宮裡的人民代表接受了「阿爾法」軍官的建議，放棄抵抗。在白宮外的「阿爾法」軍人通知所有軍隊：不許開火！否則將對所有火力點予以壓制！

俄羅斯總檢察院在其刑事案卷裡確認：10 月 3 至 4 日事件期間，直接傷亡情況，死者不少於 123 人，傷者不少於 348 人。由於俄羅斯最精銳的特種部隊「阿爾法」軍官的個人努力，更多的死亡得以避免。這是歷史骯髒處，最為閃光的一瞬。它是真正傳奇。

俄羅斯聯邦新的議會，由 450 名代表構成國家杜馬（下院），178 名代表組成聯邦委員會（上院），「總統制」憲法通過。即使最克制的政治分析家，也將如此表述這一俄羅斯新憲法：1993 年憲法確立了一個嚴重失衡的權力分立體制。它建立了一個權力極為強大的總統職位，這不僅意味着俄羅斯是一個總統制的而非議會制的國家，還意味着它是一個超級總統制國家。

民主的進程不僅有爭吵，還可能有死亡；其成本之昂，或許超過想像。

俄羅斯困局

以武力確立了「超級總統制」，制度賦予俄羅斯總統這個職位強大的權力，但這並不意味着葉利欽本人的強大。

簡單地看，俄羅斯聯邦也是一個多民族的國家，這一如已經解體的蘇聯。雖然這裡的俄羅斯族人佔全部人口的83%，但仍然有其他125個民族。那麼，既然蘇聯可以放棄社會主義意識形態集團，俄羅斯可以脫離蘇聯——如同「俄羅斯套娃」，那麼俄羅斯聯邦是否也可能再被打開第三個套娃呢？車臣（Chechnya）似乎正是這即將被打開的第三個俄羅斯套娃。

俄羅斯至關重要的鐵路和輸油管道縱貫車臣，不僅如此，車臣對於俄羅斯極具地緣政治意義，如果車臣退出俄聯邦，就意味着在充滿爆炸性的高加索地區開了一個先例，這個地區其他共和國將無可避免仿效車臣。不幸的是，車臣要求獨立，而且1991年宣佈獨立。要求從蘇聯獨立的葉利欽，現在又受困於俄羅斯聯邦內要求獨立的車臣。1994年底，俄羅斯軍隊進入車臣，打了一場難言勝利的戰爭。雙方簽訂和解協議，迴避了車臣主權問題，葉利欽說：「雙方同意將車臣共和國的地位問題推遲到2001年解決。」但車臣方面理解的則是與莫斯科簽訂的這一協議，給予他們獨立國家的權利。這是俄羅斯的一個困局。

無論蘇聯政府，還是俄聯邦政府，都沒有真正復甦經濟，但是，在這種無秩序的社會經濟結構裡，俄羅斯卻迅速成長出控制經濟的「新俄羅斯人」—— 寡頭。他們控制着俄羅斯經濟中百分之五十以上的國內生產總值，而且，更為特殊的是，他們與葉利欽領導的領導層有着共生性關係。在1996年俄聯邦總統選舉中，由於擔心俄共領導人久加諾夫（Gennady Zyuganov）獲勝，並使他們失去財富，寡頭們為葉利欽提供了經濟支持。寡頭們更認可這樣的描述：他們是國王的締造者。這是俄羅斯的另一個困局。

葉利欽在制度上建立了超級權力的總統制之後，實際權力卻受制於各種利益集團，未見大，反而縮小。這真是悖論。

1996年，葉利欽在總統選舉第二輪戰勝俄共領導人久加諾夫（Gennady Zyuganov）後，再次就任總統。但就這個時候，被他解職的衛士長告訴媒體：俄羅斯必須學會和一個有病的老人相處。葉利欽訪問美國後的回國途中，計劃在香農機場短暫停留並會見愛爾蘭總統和總理，飛機降落了，紅地毯鋪好了，機門也打開了，最終卻是由第一副總理

走出來解釋說葉利欽身體不適。這是一個頗失國體的行為。後來被解職的衛士長透露：當時葉利欽喝醉了，無法走出飛機。1999 年，葉利欽總統任職的最後歲月，他再次面臨國家杜馬的彈劾。這是他自己的困局。所列五項罪名分別是：毀滅蘇聯、1993 年非法破壞議會、派遣軍隊到車臣、暗中削弱武裝力量、對俄羅斯人民的種族滅絕罪行。這基本上算是對他政治生涯的一次清算。結果，支持各項彈劾的票數全部超過一半，只是未達到通過要求的 2/3，幸運逃脫。強人葉利欽，這時真成了病人。

葉利欽雖然宣稱還要參加總統競選，但選擇自己接班人的工作已進入工作日程。從 1998 年 3 月開始，葉利欽先後極短暫地選擇了三位總理：基里延科（Sergei Kiriyenko，1998.3—8）、普里馬科夫（Yevgeny Primakov，1998.9—1999.5）、斯捷帕申（Sergei Stepashin，1999.5—8），最後終於選定普京（Vladimir Putin）出任總理。

1999 年 12 月 31 日，葉利欽辭去總統之位，並任命普京為代總統。

PART II
Vladimir Putin

普京

> **66** 黨的幹部不受歡迎。
> 專職黨務幹部調入情報部門後，
> 結果都是一事無成，
> 不是混官做的，就是野心家。**99**
>
> ——普京

　　葉利欽再次當選俄羅斯總統之後，已經失業兩個月的普京去到莫斯科，尋找工作的機會。這次看上去很有把握，他的朋友將他介紹給尼克萊·亞格羅夫（Nikolay Yegorov，時任總統辦公廳主任）。在莫斯科，亞格羅夫給普京看了一份總統任命草稿，說下周這份任命他作政府主管的草稿，將由葉利欽辦公室簽字，然後，普京就可以上崗——做亞格羅夫的副手。

　　「我現在應該做些什麼呢？」普京問。「飛回聖彼得堡。簽完字我們再找你！」

　　普京離開莫斯科，三天後，他看到報道：亞格羅夫被免職，丘拜斯（Anatoly Chubais）接替了他的位置。那份許諾的工作，被撤消了。這並不是普京尋找工作機會的第一次失敗。

KGB

1985年3月，戈爾巴喬夫出任蘇共中央總書記，開始了他不可逆轉的改革之旅。

這個時候，普京完成了他在莫斯科安德羅波夫紅旗學院的特訓。這是普京第二次接受對外情報工作的訓練。訓練的目標很明確，結束後他將赴國外進行情報工作。在前蘇聯，情報官員大致要接受過兩門學科的高等教育，流利地掌握一門外語，同時經過若干次特別訓練，然後才有可能獲得去國外工作的機會。那個時代蘇聯的精英培養，莫過於此。

這次在安德羅波夫紅旗學院的特訓，對精通德語的普京而言，結果一開始就很清楚：他將有機會去德國工作。問題只是，他要去西德，還是東德？「如果去西德，按程序，則必須先在KGB總局工作一至三年，」在自傳《第一人：普京自述》（*First Person: An Astonishingly Frank Self-Portrait by Russia's President*）裡，他解釋說：「而去東德，則可以立即啟程。我拿定主意，立刻外派。」1985年，33歲的普京，決定去到東德，開始了他的國外情報工作生涯。

普京當選俄羅斯總統之後，他的KGB生涯，是所有人的好奇。

當年培養他的紅旗學院的老師告訴媒體：「我認為他不是一心鑽營的人。但是，我記得我也在他的評語中寫了幾條負面特點。在我看來，他當時多少有些內向，不善交流。這既可以看成缺點，也可以看成優點。」

那麼，在KGB的標準裡，如何拿捏「內向」與「外向」呢？同是這位接受採訪的老師說：「我們曾經有位學員完成任務像鐘錶一樣精確。他的分析能力非常出色，所以他很快就能找到最佳解決辦法。事實上，他的速度實在快，有時候你覺得還沒提問他已經知道答案了。但是，解決問題的能力本身並不是最重要的條件，他學習結束時，我給他打的評語是不適合從事情報工作。不幸的是他的個人品質——出風頭……雖然對這位學員總體上是肯定的，但他因此無法從事情報工作。他不能成為外派特工。」

KGB，尤其是對外情報人員的素質——「職業情報人員要學會在孤身一人的情況下完成任務，在任何環境下都讓自己感到自然和隨意，不能讓自己表現得卓爾不群，同時能夠控制自己的言談舉止並監督周圍的人。職業情報人員不僅應當聰明，而且還要非常值得信賴。」很顯然，普京符合這樣的標準。比較之下，KGB的標準，警惕的是「外向」——出風頭。

有意思的是，普京在自傳裡，對自己的評論用了一個很專業的詞彙：「過低的危險感」。在回答「在關鍵時刻能保持鎮靜」這一問題時，普京說：「我能保持，甚至過於鎮靜。後來我讀情報學院，在那裡接受過一次測試，他們認為我『過低的危險感』是負面性格特徵。而且是非常嚴重的缺陷。你必須在關鍵時刻迅速動作，才算反應良好……很長一段時間，我是靠危險感工作的。」KGB生涯所塑造的普京，特別是他的個性特徵，是我們認識他的關鍵。

妻子柳德米拉·普京娜（Lyudmila Putina）帶着一歲半的孩子，跟着普京一同去到東德的德累斯頓（Dresden）。在國外工作，對當年的蘇聯人，是一種榮耀。柳德米拉的記憶更感性：他們（東德人）每週都要清洗窗戶。商品豐富——雖然趕不上西德，但總比俄羅斯強。有一個細節我很驚訝。是一件小事，清晨上班前，大約7點，東德各家的妻子們來到後院，在兩根柱子中間拉起一道繩，然後她們把衣架上洗的衣物晾出來，一件一件，非常整齊。大家都是一個樣子。東德安全部門的人工資比我們高，當然我們想方設法節省開支，為的是攢錢買一輛汽車。真的，我們坐在皮箱上夢想回家。最初我們非常想家……

5年的國外情報生涯，生活方面，普京的記憶只有一件：我們常去一個叫做拉德堡（Radeburg）的小鎮，那裡有東德最好的釀酒廠。我經常要一個3升的小桶。你把酒倒進桶裡，放上龍頭，然後可以直接從桶裡喝酒。所以我每周喝3.8升啤酒。「我的體重因此增加了25磅，達到了165磅」。普京當選總統之後，俄羅斯記者找到了這家名為「愛慕德爾」的啤酒小店，店主還記得普京，「他一次也沒喝醉過」。俄羅斯旅遊公司推出了德國的「普京之旅」，拉德堡小鎮的這個小酒店，被命名為「普京角」。

東德5年時間的情報生涯，改變了普京的體重，還改變了他什麼？

大學畢業，普京即分配進入KGB，這還是1975年。在第一次參加特工們的討論，擬定出工作計劃時，普京對老特工的意見很意外：「這樣不行！為什麼？不合法！」法律系畢業的普京的這個反對理由，反讓老特工吃驚，「什麼法？……我們有上級指示！」菜鳥普京遭到老特工們的譏諷與教導：「對我們來說，上級指示就是法律。」普京由此開始職業生涯。只是，這種開始並不讓普京感到愉快，「我的同輩人都有同感」。

在蘇聯搞情報工作的必須是黨員，但對普京這一代KGB而言，「黨的幹部不受歡迎。專職黨務幹部調入情報部門後，

2000 年 10 月，普京總統和妻子訪問印度時合影。

結果都是一事無成，不是混官做的，就是野心家。那裡有各種黨務幹部，他們一般都是自我膨脹的人。他們把自己看成大領導，不想做具體工作。所以他們引起專業人員的怨恨，也是自然的事。」

「專業人員」普京以及他那一代 KGB 新人，如何建立自己的身份認同與職業尊嚴？

可以在國外工作的情報處始終是 KGB 裡最讓人神往的組織，只是，在國外工作，即使在同一社會主義陣營裡工作，仍不免價值觀遭受衝擊。對於情報人員，最困難的是，從國外回來後很難習慣蘇聯的現實。普京的解決之道是尋找老一些的同事交談，「當然不是斯大林時代的老同事」。這條解惑之途，在相當的意義上開啟並拯救了普京。

「我有位朋友在阿富汗工作，負責安全事務。他回國後，我們什麼都問。你還

驚。經過這類談話之後，我反覆思考，這些人都是權威，他們是我尊敬的人。忽然他們的觀點與人們習慣的既定說法背道而馳。當時在情報部門，我們允許有不同的想法，我們可以說一般人不允許說的話。」

「衡量工作的標準是有多少文件沒有簽字」——拒絕才是一種能力，一種評判工作的標準。這當然讓人驚訝。絕對忠誠之下，普京很偶然發現了可以擺脫控制形成自我的「自由」。這或許讓普京自己都深覺意外。極權體制下的情報人員，是制度性逸出僵化意識形態控制的那一小部分人。歐洲人、包括俄羅斯人在研究前蘇聯變革的起點時，共同的認定是，改革開始於同樣是 KGB 出身的安德羅波夫——「他對蘇聯真實狀況，比任何領導人都知道的多」，可惜他在位時代太短，只能由他選擇的接班人戈爾巴喬夫來完成蘇聯變革。

是高級官員。接下來我的工作是處長助理。這已經相當不錯了。後來我又晉升高級助理。再也沒有更高的職位。我上面是高級管理層，我們只有一個老闆。後來，我被選為KGB駐東德辦事處黨委委員。」那麼，普京究竟具體做什麼呢？「通常的情報工作！」這個話題，就此打住，普京不再給出任何解釋。他拒絕將他的KGB經歷傳奇化，雖然這或許能為他贏得更多關注。

可是，所有人都好奇他在東德幹了些什麼。研究者能夠找到的只是「環境證據」。

上世紀八十年代，普京在朋友的鄉間別墅做客。

蘇聯內部的控制模式，共識性的看法是：顯性部分是意識形態指導之下，由蘇聯共產黨各級組織進行；隱性部分，則由秘密警察，亦即KGB控制。那麼，戈爾巴喬夫開始自己的改革之旅，要整肅僵化的各級黨組織，將他們轉軌，由計劃經濟進入市場經濟結構，他需要依靠什麼樣的制度性力量來幫助他呢？這是真正深入觀察蘇聯變革，以及後來無可逆轉崩潰的極有價值的思路。在俄羅斯極有聲望的德國研究者阿列克塞德爾‧拉爾由此着手，在其所著《克里姆林宮裡的「德國人」：弗拉基米爾‧普京》一書裡，描述這一過程：

在改革時期，在KGB那裡出現了一些新的現象。即增加新的職責：在一黨制的領導下促進改革，把市場經濟成分灌輸到由黨控制並操縱的那種僵化結構中去。為了達到這一目的，戈爾巴喬夫依靠很久之前的靠山——安德羅波夫的人數眾多的顧問、專家，用KGB機關來拆掉由黨組織任命的幹部隊伍。由於KGB內部擁護政治改革的人的積極活動，那些習慣於追求豪華奢侈生活、工作極不認真的共產黨的官僚們的位置開始動搖了。因為，戈爾巴喬夫通過KGB掌握了能夠損壞他們名譽的證據確鑿的事實。

表面上看，這當然是人事更迭。但實質的戈爾巴喬夫變革思想，往往容易被忽視，更重要的是，又因為KGB的秘密性質，他們在這一過程中的作用亦被廣泛忽略。比較起來，見多識廣的KGB，

尤其是情報人員更容易接受戈爾巴喬夫的思想。

那麼，KGB 在作為改革「先鋒」部分，他們在國外如何作用呢？德國人拉爾描述說：「莫斯科竭力在波蘭、捷克斯洛伐克和處在第一線的東德尋找新的、目光遠大的黨務活動家，把忠於社會主義基本思想的人與能夠改革社會所有制的人結合起來，力求在變革時代不至於丟失政權。」

已經公開的材料表明：1987 年，蘇聯情報總局局長秘密訪問東德的德累斯頓和東柏林，他公開支持東德實行社會制度民主化的思想，建議讓更年輕的中央書記取代現任黨的領導⋯⋯在社會主義陣營裡，蘇聯的作法一如國內：不換思路換位置。但是，這次情報總局局長東德之行——換帥之舉未獲成功。於是，KGB 制定了一項名為「光線」的行動計劃，用更隱蔽也更直接的辦法達到目的。

普京參加了「光線」行動嗎？

東德的國家安全部門發現了 KGB 的秘密行動計劃，德累斯頓的東德安全部門負責人，很憤怒地指責在德累斯頓的 KGB 從事這一「反德」行動。德國方面的研究者認為：這時已向普京發出逮捕令。但是，世事難料。由 KGB 發起的

「光線」行動，結果卻是東德人民的反抗，1989 年，柏林牆倒塌，德共由此失權；這時，正是剛剛向普京發出逮捕令之際。政權倒閉帶來的意外的結果是，德累斯頓的東德安全部門負責人選擇了自殺。類似更換他國領導人這種高度機密的行動，因深知內情的當事人自殺，所有直接證據就此中斷。這段歷史，沉入深幕。

「有報告說你參加了『光線』行動？」
「沒有！」後來，普京的回答很明確。

以秘密組織 KGB 調查並制約腐敗的黨組織領導，並以此策略擴大到社會主義陣營，共產黨控制的國家，內部瓦解，勢在必然。但是，共產黨組織的瓦解，同一結構裡的 KGB 系統又能置身事外？

柏林牆倒塌引發了一系列的連鎖反應。1989 年年底，憤怒的東德人聚集在德累斯頓的 KGB 辦公樓前。這是普京難忘的經歷，他回憶當年：

人群越來越憤怒，我走出去問他們想得到什麼。我向他們解釋，說這是蘇聯軍事設施。人群裡有人高喊：「那你們在停車廠的汽車為什麼掛德國牌照？你們在這兒到底幹什麼？」他們好像在說「我們知道你們在幹什麼」。我解釋說我們之間有協議，允許我們使用德國牌照。「你是誰？

你的德國語說得這麼好。」我回答說我是翻譯……我集合了周圍的保衛人員，說明目前的形勢，有人告訴我：「沒有莫斯科的指示，我們什麼也不能做。現在莫斯科保持沉默。」幾個小時之後，我們的武裝人員趕來了，人群四下散去，但還是那句：「莫斯科保持沉默！」我當時的感覺是，這個國家已經不復存在。已經消失了。很清楚，蘇聯正在生病，而且得的是不治之症——權力癱瘓。

「莫斯科保持沉默！」看起來，KGB國外情報組織沒有被國家拋棄，至少也被遺忘了。這一結果，會給像普京這樣勤力的 KGB 情報人員帶來什麼樣的心理影響呢？

至少在第一個總統任期裡，普京的 KGB 生涯是國內外媒體的興趣焦點。普京曾很認真地回答了一位意大利記者對此的問題，「在蘇聯對外情報機關中有一種特別的氛圍。人們幾乎一生都生活、居住在國外。他們能夠看到，蘇聯發生了什麼，國外這裡有怎樣的意識形態模式，它們如何體現在經濟和社會領域。更重要的是，我們在情報機關裡被培養出了對祖國、對國家的愛。這是全體情報人員必修的也是最主要的思想政治課程之一，我相信，它對我是積極的，其幫助的成分要比妨礙的成分多得多。」

相信普京的這一回答是誠懇的。只是，我們回到那個歷史現場，「莫斯科保持沉默」那刻，普京對國家的愛與忠誠，將如何寄託呢？

離開東德，普京回到了聖彼得堡（當時叫列寧格勒），在這裡他接待過基辛格（Henry Kissinger）。追問之下，普京不得不告訴基辛格自己曾是 KGB 情報人員，在東德工作。似乎當時普京不太好意思提及這段經歷，但他卻得到了基辛格一個意外的反應，「體面的人都是搞情報起家的。我也是。」在「莫斯科保持沉默」時所遭遇的「忠誠」如何寄託之惑，這時，從一位美國政治人物那裡，普京得到了另種回應：「你知道，由於當時我在蘇聯問題上採取的立場，我至今還在受人非難。我相信，蘇聯不應該這麼快地放棄東歐。我們正在改變世界均衡，速度過快，我認為這可能導致我們不想看到的後果……開誠佈公地說，直到今天我也不明白，戈爾巴喬夫為什麼要這麼做。」後來普京告訴記者：我從未想過我可能從亨利·基辛格——傳統意義上蘇聯的對手那裡聽到這樣的話，對社會主義陣營瓦解以及蘇聯崩潰的歎息。

一個像蘇聯這樣的大國的崩潰，它給所有蘇聯人帶來的心理上的震撼與創痛，或許遠遠超過我們旁觀者的想像。比如

普京，他的「忠誠」，寄託給誰——典型的國家認同危機，是我們理解當年的蘇聯人，尤其是普京的一種理路，而且對理解他後來的行為模式，作用更大。

1990 年了，即使沒有東德安全部門的逮捕令，普京也不得不離開德國了。「如果德國反情報部門知道你在東德的一切活動，這就意味着他們也知道你在情報小組的一切事情，知道與你工作的每一個人，你的整個特工網絡也就毀了。我們毀掉了一切——所有通訊記錄、接觸記錄和特工網。我自己又燒燬了大量材料。我們最後把爐子都燒炸了。」

普京帶着妻子和兩個女兒回到他出生的聖彼得堡。他們用在德國的所有積累購買了一輛伏爾加小汽車，還帶回一台德國鄰居送他們的舊洗衣機，這台洗衣機，他們又用了 5 年。想家的柳德米拉告訴媒體：我們當時從電視裡知道了一切關於蘇聯改革的情況。但回國後，我沒發現任何變化——人們還在排長隊，還要領配給卡和購物券，貨架上還是空空的。

市井生活

一個國家的巨變時刻，不止有像戈爾巴喬夫與葉利欽那樣的殘酷而戲劇性的政治鬥爭，還有像普京這樣基層官員的生存現實與心理困惑。而且，他們的生存經驗，對未來俄羅斯的走向，更具研究價值。

當然，我們還沒有知道普京為什麼會選擇 KGB，成為一位諜報人員。

在 2000 年競選俄羅斯總統之際，所有人都不知道這個「普京」是誰，他的競選班子負責人梅德韋傑夫（Dmitry Medvedev）——後來接任普京總統之位的那個人，他邀請了《生意人報》（Kommersant）三位記者，對普京 6 次採訪，以完全問答的體例完成迄今普京唯一的一本自傳——《第一人：普京自述》。

在這本自傳的一開頭，普京講述了他的祖父：第一次世界大戰後，他在莫斯科郊區的別墅山找到了一份工作，那裡住的是列寧和烏里揚諾夫（Aleksandr Ulyanov）等人。列寧去世後，祖父調入斯大林的一處別墅，在那兒工作了很長時間。他沒有遭受肅反清洗，而且，他活得比斯大林還長。

按蘇聯一般慣例，領導人的廚師為內務部成員，大體上也可算在「秘密」戰線上工作。這是普京選擇 KGB 的動機？當然不是。

普京的父親出生於 1911 年，出生地就

這棟建築中的一套小房子是普京度過童年的家

是聖彼得堡。17歲那年，他結婚了，之後不久去當兵上前線。在普京的回憶裡，在父親當兵後，母親生活很苦，「全靠我舅舅幫她，他總是從自己的配給中省一份給她。他有一段時間調到外地工作，我母親就到了飢餓的邊緣。有一次她餓昏了，人們以為她死了，把她跟屍體放在一起，所幸她及時醒過來，不住呻吟。她又活了過來，真是奇跡。她就這樣從被困的列寧格勒活了下來。」當時，當過高級領導人廚師的祖父也幫不上普京的母親，「那時人們一般不求人，而且環境也不允許。我祖父有一大幫孩子，

而且他的兒子們都在前線。」

第二次世界大戰的殘酷，不止是受困於聖彼得堡（列寧格勒）裡的普京的母親。在前線的普京父親，是內務部下屬爆破營的士兵，他們去執行一次到德國人後方的爆破任務，結果空投到目的地的28個蘇聯士兵被德國人包圍了，最後逃出包圍圈的只有4個。其中包括普京的父親。回來後，他又參加戰鬥，「在小涅瓦，他們又被德軍包圍了。我父親受了重傷，雙腿被彈片穿透了。他如何穿過涅瓦河（Neva River），回到我軍陣

地是最大的困難。碰巧有個戰士是我們家過去的鄰居，他看見我父親，一句話沒說，就背着他趟過了結冰的涅瓦河。他們成了敵人的靶子，但竟然誰也沒死。那位鄰居把父親背到醫院後，告訴他：我們不會再見面了。顯然他不相信自己還會活着回來，也不相信我父親能夠活下來。」這個故事，在普京的講述裡，讓人覺得溫暖的部分是結果：「後來，我父親沒死，鄰居也沒死，他搬到了另外一座城市，20年後，他回來列寧格勒，在大街上，他們兩人竟然相遇了。」因為這次相遇，沉默少言的普京的父親，向普京講述了這個故事。普京也記住了這個故事。

從涅瓦河撤下來回到醫院，普京的母親在醫院找到了他！「父親看到她瘦成那個樣子，就把自己的食物給她吃，還怕護士看見，結果還是讓護士發現了，她不讓他這樣做。甚至有一段時間不讓母親去醫院看他。後來，兩個人都活了下來，只是父親傷癒後成了瘸子。」

1952年，在戰爭期間兩個孩子夭折後，41歲的父母生下了普京。

這一家住在聖彼得堡普京父親工廠分配的一間宿舍裡。普京的老師後來跟媒體描述那間宿舍：「他們公寓糟糕透了，大家住在一起，沒有任何設施。沒有熱水，沒有浴盆。廁所能嚇死人。廁所門正對着樓梯，非常冷，樓梯邊上安的是冷冰冰的鐵扶手，而且樓梯也不安全，沒有一處是平的。」

在這樣環境裡成長起來的普京，他自己描述有「大院氣息」，「在樓梯的平台上，我深刻理解了困獸一詞的含義，而且終生難忘。樓梯入口處有成群的老鼠。我的朋友和我經常拿着棒子追老鼠。有一次我發現一隻大老鼠，一直從樓道把它追到了角落。老鼠無處可逃了，它突然掉過頭向我撲來。我嚇了一跳，然後老鼠開始追我，我跳過平台衝下樓梯。還好，我比老鼠快了一步，在它進來之前關上了房門。」

工廠宿舍、筒子樓、共用廁所與廚房、追趕老鼠為樂的童年……這些中國人並不陌生。稍有不同的是，5歲的時候，普京母親為他洗禮了。這件事還瞞着父親，因為他是黨員，還是車間的黨支部書記。

在這裡長大的普京，「不怎麼想上學。我喜歡在外面玩」。當然，學還是要上的，從一年級到八年級，普京都在走路離家只有7分鐘的193學校讀書，雖然如此近距離，「我第一節課總是遲到。」即使是總統競選前的「自述」，普京對自己調皮的童年，仍然津津樂道，「所

1970 年，在聖彼得堡（當時名為列寧格勒），普京與同學在一場聚會上跳舞。

以，即使在冬天，我穿的也不多。穿衣服，跑到學校，然後再脫掉大衣，這需要很多時間，為了節省時間，我從不穿大衣。就像子彈一樣，射到學校，立即坐到桌子後面。」

193 學校的老師去家訪，跟普京的父親說的很委婉：「您的兒子沒有發揮出全部潛力。你聽他怎麼說？『那我能怎麼辦？殺了他？』」老師說：「我們來一起幫助他，您在家裡，我在學校，他的成績可以

超 C。」雖然老師與家長達成了協議，但後來老師告訴來採訪的媒體：「最後我們也沒有發揮特別的作用。」這位老師說：在六年級的時候，普京終於發生了變化，他的成績越來越好，而且很輕鬆，並且在這個時候加入了少先隊。

變化因此而來？普京自己這樣解釋：我十一二歲時開始學體育。我發現自己好鬥的天性無法使自己在院子裡或操場上稱王，於是決定學拳擊。但我學的不長，

我的鼻子讓人打破了，疼的要命，我連鼻尖也不敢碰。儘管大家都讓我去做手術，我也沒去醫院。我知道創傷可以自癒。果真是這樣，但之後我對拳擊失去熱情。後來我決定學摔跤，那種柔道和角力的蘇聯式結合。開始時學摔跤，後來才學的柔道。我碰到了一位出色的教練安那托利‧西姆耶諾維奇‧拉科林，他在我的生活裡起到過決定性的作用。如果沒有體育，我不知道後來生活會怎樣，因為體育，我才擺脫了市井生活。說實話，大院對孩子來說不是很好的環境。

顯然，少年普京，身上有一點戾氣，這是他性格裡的一部分。很久之後，仍能見到它的影子。普京的好友，他孩子的教父回憶當時已經參加工作的普京：我們在車站等車，有幾個人走上前來，不是惡棍，只是幾個酒後的大學生。其中一個說：「給根煙好嗎？」我沒出聲，但普京回答：「不！不給。」那個傢伙說：「你為什麼這麼回答？」普京說：「沒有原因。」接下來發生的讓人難以置信。大概有人動手想打他，猛然間不知是誰的襪子在我眼前閃過，幾個青年不知逃到哪去了。普京轉向我，靜靜地說：「我們走吧！」然後我們走開了。我喜歡他摔翻那傢伙的動作！一出手，那個人雙腿就朝天了。

在回答俄羅斯《生意人報》記者問題時，

普京承認自己也做過傻事，記者追問什麼傻事？

在讀大學三年級的時候，他母親在咖啡店裡得回的不是零錢而是一張國家發行的彩票，結果她抽中了一輛日古利（Zhiguli）牌小汽車。很長時間普京一家不知如何處理這輛車，他家並不寬裕，而這輛車價值3,500盧布，賣掉它，對月收入只有一百多盧布的普通蘇聯人而言，可以掙一大筆錢。但是，年輕的普京看到這輛得來意外的車，實在是樂瘋了。那一代蘇聯人對小汽車的熱衷，實在可用狂熱來形容。而且小汽車所引發的故事以及改變的命運，實在是多且精彩。後來，父母決定寵兒子一次，他們把車送給了普京。

「傻事」就發生在他學車的時候，普京說：「有一次我和主教練駕車出去，我當時還在讀大學。一輛滿載乾草的卡車從另一方面駛來，我的車窗是開着的，乾草散出芳香氣味，我在拐彎處超過卡車，順手拉了一把乾草，我的車猛地調轉方向。啊！前輪轉向，我們直接衝向卡車後輪。我向另一個方向打把，我那輛不結實的小車兩個輪子懸了起來。我們就要翻到溝裡，幸運的是，車輛終於四輪落地。我的教練坐在旁邊，驚得一句話也說不出來……」

很難相信，這樣衝動的性格，在 KGB 工作 10 年，進入安德羅波夫紅旗學院學習時，他的測試會得到一個「過低的危險感」的結果。在東德的那個啤酒的「普京角」，在有關方面禁酒令頒佈後，他的同事親眼看見他將一桶啤酒倒進花壇，之後滴酒未沾。曾經無比衝動的普京，後來自制力竟然如此強大。

看來 KGB 生涯深刻地改變了普京。那麼，他為什麼會選擇 KGB 呢？

這只能由普京自己解釋。他說：「我開始想當水手，後來還想當飛行員，還訂了一份航空期刊。但最後，《盾與劍》（*Shield and Sword*）這樣的圖書和間諜影片完全抓住了我的想像力。最讓我驚訝的是，一個人能辦到一支軍隊辦不到的事情。一個間諜可以決定上千人的命運。至少這是我當時的理解。」《盾與劍》是根據瓦季姆·科熱夫尼科夫（Vadim Kozhevnikov）同名小說改編的四部系列電影，當時風行全蘇；之後又有一部連中國人也知道的間諜連續劇《春天的十七個瞬間》同樣風行一時。

大約可以用中國電影《少林寺》所引發的學武風潮來理解當年普京的間諜夢想，他告訴記者：為了弄明白怎麼才能當間諜，剛讀九年級的時候，我去了 KGB 總部辦公室。有個人出來聽我訴說，「我想在你們這裡找一份工作。」「好啊，但有幾個問題。第一，我們不接受主動來的人。第二，你服役之後，或者接受某種高等教育之後再來找我們。」我很好奇，「什麼樣的高等教育呢？」「什麼都行！但最好讀法學院。」或許他只是想快點打發我走，但我記住了「法學院」。從那以後，我就決心讀列寧格勒大學法學院。

後來記者問普京，夢想成為 KGB 時，是否想到 1937 年 KGB 起得決定性作用的肅反運動——非常多蘇聯公民因此傷命。普京的回答很直接：「我根本沒想，一點也沒想。當時我們生活在集權國家，一切都被封鎖了。我的朋友和我全然無知，所以我是帶着浪漫的想法開始的。我當時是蘇維埃愛國教育純潔而又非常成功的產品。」如果結合普京的家庭出身以及他的市井生活背景，這種解釋合乎情理。

考上列寧格勒大學法學院並非易事，當時 100 個招生名額，留給高中生的只有 10 個，剩下的全給了軍人。而一個高中生的名額大約有四十個人爭奪。普京的成績，「作文是 B，其他科目全是 A」——他被錄取了。聯想當年他的老師說如果他努力，成績可以超過 C，這其間的變化實在太大。

普京當年就讀的列寧格勒大學法律系教學樓

大學讀了三年多，沒有任何人來找過普京。普京還記住了 KGB 的說法，「我們不接受主動來的人」，他只有等待。大學四年級的時候，有人來學校找普京，告訴他：「我需要跟你談一談分配工作的事。但現在我還不想說究竟是什麼工作。」這就是普京等待的那一時刻？普京馬上同意在教師休息室見面，興奮的普京在休息室等了足足 20 分鐘，沒有人到來，這次約定的見面彷彿並不存在。普京回憶當時，「我心想，這頭豬！一定是有人在戲弄我。」他準備離開了。就在這時，那位找他的人跑了過來，「這都是安排的，」他說，「如果邀請你到情報部門工作，你會怎麼想……」KGB 的大門，向普京打開了。

聖彼得堡

從東德回到家鄉，普京很幸運，他進入當時的列寧格勒大學，出任大學校長助理一職，而且他還在服「現役」。

普京過去法學院的老師阿納托利·索布恰克（Anatoly Sobchak）當時已經名聲鵲起——後來，也就是在他的提議與推動之下，列寧格勒恢復舊名：聖彼得堡。作為全國著名的「民主人士」，1990 年，索布恰克當選為列寧格勒市蘇維埃主席。在若干媒體當年與第二年蘇聯全國年度人物的評選裡，索布恰克總是排在葉利欽之後，列第二位。普京過去的法學院的留校同學請他去幫助索布恰克，普京稍有疑問，「我畢竟是 KGB 官員，他不瞭解這點，可能會連累他。」

普京還是去拜見了索布恰克，自我介紹後，索布恰克回答很迅速，「我去跟校長說，你周一就過來上班，我們立即簽協議。」普京回應也很直接：「我對這份工作很感興趣，但有一個情況可能阻礙調轉。我必須告訴你，我不僅僅是校長助理，我還是 KGB 現役軍官。」——德國記者後來有調查報道說：讀大學時的普京，並沒有被 KGB 發展為「眼線」，但 KGB 曾計劃發展索布恰克為他們的「眼線」，只是索布恰克斷然拒絕了。由此可見索布恰克對 KGB 的基本態度。聽到普京的介紹，索布恰克有點意外，想了好一會，他說：「好吧，辭職算了！」

後來回憶這個場景，普京說他沒有想到會是這種反應：「他是教授、法學博士，列寧格勒蘇維埃主席，我沒想到他這樣坦誠。」

這是普京的微妙時刻，他必須告訴他的上司他打算換工作，「這話很難說出口」。同樣幸運的是，普京去見了他的上司，得到的回答很爽快，「為什麼要

辭職，不必！去工作好了，沒有問題。」

問題還是有的。在戈爾巴喬夫民主化的改革浪潮裡，以往的 KGB 此際成了過去的、集權統治的象徵。在列寧格勒蘇維埃裡——普京的觀察是，這裡的蘇維埃委員，總是尋找關係幫人說情，他們找到做索布恰克助理的普京，請他幫助，一再拒絕之後，他們有了對付普京的新策略，「這裡也有壞人，他們知道你是 KGB，你必須挫敗他們，我準備幫助你，但你必須幫我做件事兒。」當然，普京仍然拒絕了。

普京是 KGB 特工這事，後來鬧到索布恰克那裡，他必須正面回應這種指責。索布恰克的答案明確，而且很真誠：「他不是什麼『KGB 的人』，他是我的學生；他曾在國外從事情報工作，是在保衛國家利益。他沒有什麼可以為自己工作感到羞愧的。」不僅如此，索布恰克出差時，還特意拿出一些空白信紙，在下面簽上名，交給普京，由他相機處理。這是並不多見的信任，尤其對一位處於社會整體負面評價之下的 KGB 成員。

從東德回到國內，「忠誠」已無可寄託；即使在蘇維埃委員會裡，也有如此強大的反對力量，這個時候索布恰克，一位堅定的民主人士的支持，對普京意味着什麼呢？俄羅斯最著名的政治作家羅伊·麥德維傑夫（Roy Medvedev）在其所著《普京——克里姆林宮四年時光》裡，以只有經歷過這段非常歲月的俄羅斯人的理解，對此解釋說：「索布恰克這些告白完全發自內心，對普京心理的幫助極大。」普京那無可安放的「忠誠」，似乎有了新的對象。

KGB 身份問題，仍是普京的癥結。如果不離開 KGB，訛詐不會停止。「離開 KGB 這個決定對我來說很困難。儘管我在將近一年的時間裡沒有為安全部門做任何事情，但我的整個生命仍然是與他們連在一起的。」普京後來很真誠地回憶這段歲月。而這個時候，還是蘇聯沒有解體的 1990 年，誰也不知道未來蘇聯將會向何處去，對於他的新工作，普京也很坦誠：「索布恰克是著名的政治家，他把我的未來與他拴在一起也有風險。一切都可能瞬間瓦解。」

普京作出了選擇，追隨索布恰克，從 KGB 辭職，「我不想回到過去，這是我一生中最艱難的決定。」

出任俄羅斯總統之後，西方的研究者提出的、引發長時間尋找答案的「普京之謎」是：他在為 KGB 工作 15 年後，為什麼會轉向為一位民主人士，一位反蘇聯體制的人士工作？

如果從工廠宿舍裡的市井少年，到蘇維埃愛國教育純潔而又非常成功的產品，然後再到KGB以及東德的情報生涯——如此一路觀察下來，最後，普京遭遇了「莫斯科保持沉默」時刻，一個他反覆提及的事件，他的轉折的內在邏輯，已隱含其間。

普京的辭職書遞給了上級部門，結果杳無音訊。普京找到自己的導演朋友，「我要公開說出我的過去，這樣就不會有什麼秘密了，別人也休想再訛詐我。」他的朋友幫他拍攝了一段專訪，普京詳細地講述了他在KGB的工作……當地電視台播出了這一專訪，普京終於用這種決絕的方式告別了過去。

那個九年級的學生，走到KGB總部要求得到一份工作……真正進到KGB，並不是件容易的事；工作15年後，真要離開KGB，也不容易。

1991年，「8·19」事件——最終促使蘇聯解體的事件，雖然已經有過「莫斯科保持沉默」的經歷，但這次事件仍然震撼普京。「當時很痛苦。事實上，我的生活被撕成兩部分。在那之前我並不真正理解在俄羅斯發生的改革。我從東德回來之後，能清楚地感到正在發生什麼，但是在政變那些日子裡，我加入KGB時為之奮鬥的所有理想、所有目標都破滅了。經歷這一切的艱難程度是難以想像的，我的全部生命曾經投入到安全工作。但我已經做了選擇。」

政變由俄羅斯最高蘇維埃領導人與KGB最高領導人發起，此時，普京的辭職信仍然沒有得到批准，他還是KGB成員。他必須再次做出選擇：是為索布恰克以及民主派工作，還是回到KGB「捍衛蘇聯的完整」。普京告訴索布恰克，他已經寫了一封辭職信，但未獲批准，現在他會再寫一封。索布恰克立即給正在政變中的KGB首腦打電話，然後他又給KGB分局領導打電話。第二天，普京接到通知，他的辭職備忘錄已經簽字。

「蘇聯共產黨已不復存在。我拿出黨證，然後放進抽屜。」這一頁翻過去了。

經過競選，索布恰克成為聖彼得堡市市長，普京負責對外聯絡委員會。這個時候，海關、銀行、投資、股市，以及類似的機構，尤其是規範的運作根本不存在。而此時，俄羅斯經濟改革進入「休克療法」——放開價格階段，全國發生食品危機，聖彼得堡經歷着挑戰，這正是負責對外聯絡的普京的挑戰。這時有商人送來他們的解決方案：如果允許他們出口貨物，主要是原材料，他們就能夠把食物運回俄國。普京以及聖彼得堡沒有選擇，只有同意。貨物是出口了，

但食物卻沒有運回來。這個計劃失敗。普京面臨廣泛指責，他的朋友也是助手梅德韋傑夫出面為他辯護，洗清了罪名。

接下來，普京又想由政府來專營賭博業，這當然與俄羅斯法律不符。後來的變通辦法是，由一家市屬企業控制聖彼得堡賭博業51%的股份，希望由此獲得市財政收入。這個經營設想也失敗了，「雖然你可以有成噸的股票，但實際上卻什麼也控制不了。賭桌上下來的全是現金，容易流失⋯⋯」

看起來，在普京自述裡，他的兩樁經營活動，都以失敗為結束。這當然是初入市場經濟必然的代價，但這個時候，俄羅斯市場經濟發展的軌跡，卻遠遠超過俄羅斯普通人的想像，也超過成熟市場經濟國家專業人士的想像。普京雖然在俄羅斯第二大城市做着副市長的工作，但這個國家的市場發育方式，不在他可以觀察與控制的範疇之內。

普京在聖彼得堡的職業經歷，被無數的記者調查過，結論一致：他是一個「簡訊人物」。從媒體的角度看，雖然聖彼得堡各種會見和會談，幾乎都有普京出現，但他所做的工作，絕大多數屬於事務性的，沒有太多傳播性，最多在報紙的「簡訊」一欄刊發。

即使在KGB，也將自己定義為「專業人士」的普京，在聖彼得堡仍然被動地被拉進政治遊戲圈。索布恰克當時是全國性政治人物，有材料證實葉利欽並不喜歡索布恰克的高支持率——那個時候俄羅斯的媒體，最樂意玩的一個遊戲就是各種政治人物受歡迎程度的排名，彷彿這就是實現「民主政治」的傳媒法寶。排在葉利欽之後的索布恰克，當然是可能形成對他挑戰的人物。葉利欽的衛隊長科爾扎科夫（Alexander Korzhakov）後來承認，他很早就收集索布恰克的材料——葉利欽在第二次總統大選前夕，解除了科爾扎科夫的職務，於是，心有不滿的科爾扎科夫在國外出版了他對俄國政治尤其是對葉利欽的觀察與分析，所有政治秘聞，由他和盤托出。

當然，作為政治人物，索布恰克的行為，時常也出人意料。1995年，他拒絕會見來到聖彼得堡的戈爾巴喬夫，一時之間成為媒體描述俄羅斯傲慢政治人物的典型代表。而這個時候，正是聖彼得堡市長的競選前夕。領導索布恰克競選班子的是普京，但他無力面對總統衛隊長科爾扎科夫與俄羅斯聯邦總檢察長斯庫拉托夫（Yuri Skuratov）兩人的夾攻。當時索布恰克在兩起案件裡要作為證人出庭，記者向總檢察官辦公室詢問索布恰克是否捲入了刑事調查，得到的回答：

索布恰克（攝於 1989 年）

是的。這樣就巧妙地將「證人」置換成「嫌疑人」，總檢察官辦公室的答覆又被人複印，然後用直升機在全市播撒。選舉的結果，索布恰克以 2% 的選票差額，輸給了對手。

此次競選，普京表現出了他「忠誠」的性格特質，他要求市長辦公室所有人員簽署一項聲明：如果索布恰克競選失敗，我們集體辭職。「我們舉行了記者招待會，宣佈我們的聲明，是我宣讀的。」競選失敗，索布恰克失業了，普京也失業了。

索布恰克告訴普京：「別緊張，我已經跟外長普里馬科夫（Yevgeny Primakov）說好了，他會讓我倆去做大使。」政治很殘酷，在市長之位得到的許諾，失敗之後，亦不復存在。

失意的普京邀請他的秘書一家去到他新建成的別墅做客，女人們在廚房裡忙着，兩個男人去到桑拿浴室裡……一股煙，接着火焰竄出來了。桑拿室起火了。孩子們都救了出來，大人也跑出來了，「我忽然想起我們房間裡有個皮包，裡面有現金—— 我們所有的積蓄。這些錢沒有了我們可怎麼辦？我又轉身回去找皮包，用手四處摸索。我心想，還好，我還有幾秒鐘時間，然後我就無法……我沒有繼續尋找。我跑上陽台，火焰正向上竄，

我爬過圍欄，抓起床單，開始往下爬。我從桑拿房裡出來時，身上沒穿衣服。我只好把床單裹在身上。你可以想像當時的情景：房子着火，一個裸體男人裹着一條床單，從陽台上往下爬，一陣風把床單吹起來，像船帆似的。小山那邊站了一群人，他們正懷着極大的興趣注視眼前發生的一切。我們的兩輛車停在別墅邊上。汽車很快就烤熱了，但是車鑰匙還在房子裡，車門是鎖着的。」

裹着床單，裸身逃出火海的普京，實在是一個有意思的象徵。在聖彼得堡的一切，工作、積蓄，還有別墅，都沒有了。在火災遺址上，普京只找到了他受洗時的十字架。

失業兩個月後，普京決定去到莫斯科尋找工作機會。

PART III

PART III
The Russian
Federation

俄羅斯

66 平生第一次我突然感覺自己
幾乎處於政治上完全孤立的狀態……
我面臨着受到所有大小風暴衝擊的生活，
站着，卻又幾乎被風暴颳倒，
強壯的身體—— 垮了。 **99**

—— 葉利欽

在蘇聯時代，一座城市的最高官員辦公室裡可以掛兩張黨和國家領導人的畫像，一般官員就只能掛一張畫像，所以，列寧的畫像在任何級別官員辦公室裡都可以看見。普京回到聖彼得堡時，列寧的畫像已被多數人取了下來，這個時候的官員們，可以在那空白的牆壁以及掛鉤上掛上自己喜歡的畫像。葉利欽成為這時流行的「辦公室畫像」。

普京選了一張彼得大帝的畫像——當時有兩張畫像供他選擇，一張畫像是浪漫派畫法，畫上的彼得，頭髮彎曲，佩戴肩章，還很年輕；普京要了另一張，一幅雕板印刷畫，這是晚年的彼得大帝。當時他正積極實施改革，普魯士戰役和北方戰爭剛一結束，彼得大帝就開始為俄羅斯帝國打下基礎。為普京送畫的當事人回憶：我認為他選擇這張肖像是有用意的。那幅畫不僅少見，也很少人知道。畫上的彼得大帝神情憂傷，心事重重。

別列佐夫斯基（左，攝於 1999 年）

別列佐夫斯基

當普京結束自己在安德羅波夫紅旗學院學習之際，鮑里斯·別列佐夫斯基（Boris Berezovsky）正在為自己那「半輛」日古利牌小汽車而奮鬥。在同一時空裡，這是平行運行的兩條生活軌跡。

別列佐夫斯基看上了他同事那輛舊的、被撞壞了的紅色日古利小汽車。他是科學院管理問題研究所研究員—— 這是一家在應用數學、自動化以及新興計算機科學領域享有聲望的國家級研究機構。畢竟大家都是知識分子，別列佐夫斯基提出了一個有創意的解決方案：如果他將這輛車全部翻新，可否分享這輛小汽車？

日古利汽車的結構是經過簡化改型的菲亞特（FIAT），它從意大利引進一條完整的菲亞特生產線，1970年開始生產，在伏爾加河畔的陶里亞蒂鎮有巨大的汽車廠。當時的蘇聯，小汽車的需求量實在太大，生產不免粗糙，尤其零配件奇缺，幾乎到了流通領域硬通貨的程度。那位同事後來接受採訪，講述他認識的別列佐夫斯基，故事就從這裡開始：「這輛破車，每天都熄火，因為它實在太老了，如果它看上去像一輛新的，當然好」，別列佐夫斯基的提議，有巨大的誘惑力，可是他的同事還是有疑問：「誰把它從莫斯科開到1,000公里外的陶里亞蒂（Tolyatti）呢？」

剛剛拿到駕照兩天的別列佐夫斯基信心滿滿，他來開這段距離！

同事不信這個。他們找到一個測試辦法：「坡啟」——將車停在坡道上，拉上手煞，由別列佐夫斯基啟動汽車。畢竟是新手，手潮，別列佐夫斯基勇敢地接受了挑戰，但卻完全失敗了，車一啟動就溜下了坡。同事描述此時的別列佐夫斯基：他一點也不氣餒，反而更積極地說服我，「沒關係」，讓我去吧！可以開回一輛「新車」，這幾乎是不可拒絕的誘惑，同事被說服了。

別列佐夫斯基果真把車開回來了，車還真跟新的一樣。同事開始跟他分享這輛小汽車，兩個人一週輪換一次。40歲時的別列佐夫斯基終於擁有了屬於自己的車，雖然只有半輛。不久，他的同事注意到，自己用車每週最多可以跑到500公里，可別列佐夫斯基竟然經常跑到3,000公里。幾乎像從不停歇地在路上跑着。別列佐夫斯基回憶那時：「我不能告訴你，有了這車我是多麼高興。」

這半輛車，是別列佐夫斯基後來命運的起點。

可是，如果汽車的零配件都成了硬通貨，那別列佐夫斯基是如何可以將一輛舊車完全翻新呢？這是《華盛頓郵報》駐俄羅斯記者戴維·霍夫曼（David Hoffman）的好奇，他描述那個時代的蘇聯：當社會主義體制削弱時，政府對科學研究可以拯救體制的想法深信不疑。中央計劃決策者和黨的理論家都指望科學——完全根據經驗得來的數據、數學公式、偉大的思想——可以治癒漫長的經濟停滯。別列佐夫斯基所在的管理問題研究所，研究與解決問題的方向是蘇聯工業。

這是每一個研究者必須面對的挑戰，即將自己的研究成果應用於蘇聯工業的實踐，如果有效，將得到一份證書。當然，不止是證書，研究人員經常還會從企業

裡獲得科研經費。別列佐夫斯基與陶里亞蒂的汽車廠，就是因為研究而建立起了關係。

這種研究與應用模式，於中國人而言，並不陌生。但回到蘇聯現實，研究者的項目究竟能夠多大程度上解決企業的生產效率？後來大家逐漸明白，這是一個遊戲，可以名正言順地將國家經費套出來的遊戲。一個具體研究項目是否真有價值，對龐大的汽車廠家而言，無足輕重，但對經手的當事人，卻意義重大。能夠圓滿完成這個遊戲，有賴於「關係」，聰明的別列佐夫斯基早早的發現了這一點，翻新一輛車，當然簡單。不過，這還只是一個小把戲而已。

當他開回那輛翻新的小車之時，他回憶說：「我明白了一件重要的事情。在那個時候，相當多的人想買小汽車。沒有公寓沒關係，缺少衣服也沒關係，但沒汽車不行。」在這種背景下，別列佐夫斯基意識到，陶里亞蒂鎮的伏爾加汽車廠，「不是一座工廠，而是一個金礦」。伏爾加汽車廠，是蘇聯時期最大的工業企業，它的產值在蘇聯的國民生產總值中超過百分之一。它當然是座金礦，可這座金礦跟別列佐夫斯基有什麼關係呢？

這個時候，戈爾巴喬夫已經開始了他的蘇聯經濟與政治改革。

當普京和他的同事開始籌劃「光線」行動之際，別列佐夫斯基找到了巨變時代他的「第一桶金」。他將自己設計的一款軟件直接推銷給了國家科委——讓他們相信這是款好軟件，在傳統體制之下，蘇聯最高科技部門的認可，其結果，幫助別列佐夫斯基賣出去了幾萬張軟件。第一桶金掙回了 100 萬盧布。在當時，這是極大的收益。

經濟改革對伏爾加汽車廠而言，出現了新的汽車銷售方式：「代售」——貨物出售後付款。這種方式改變了傳統的國有壟斷銷售渠道，只是當時大家金額有限，這種「代售」一次最多也只有 100 至 200 輛汽車。別列佐夫斯基要的不是「金沙」而是「金礦」，何況他的軟件以及後來的一系列運作，他擁有一般「代售商」所沒有的巨大金額，他將怎麼辦呢？

別列佐夫斯基是研究員，他有系統性的思考路徑，「廠長們需要什麼？他們需要莫斯科的關係，這個我們目前還沒有；他們還需要以科學院代表團名義的出國考察，這個我們可以幫忙。」進攻「金礦」的準備，路徑選擇仍然是：建立關係。顯然，此時可以幫自己翻新小車的關係，已經不足應付。別列佐夫斯基的目標是伏爾加汽車廠管理零件的副總經理——他把這位副總拉進了研究所一個

專題研究項目的團隊。這並不過分，傳統研究與應用模式裡，這是自然不過的辦法。1987 年，這位副總經理的論文獲得了研究所的副博士論文答辯。別列佐夫斯基告訴美國記者，他對「這篇論文的研究工作起了非常微妙的作用」。

後來這位副總經理以及曾經與他分享日古利小汽車的研究所同事，都成了別列佐夫斯基公司裡的高級管理人員。

別列佐夫斯基進攻「金礦」的實際戰術，第一步仍然不是汽車，而是伏爾加汽車廠的貸款。那位獲得副博士學位的副總幫助他說服伏爾加汽車廠一把手卡丹尼科夫（Vladimir Kadannikov），貸款 500 萬美元購買原裝進口的菲亞特小汽車。當菲亞特運到俄國邊界的時候，海關方面拿出了別列佐夫斯基沒有想到的政府規定：任何進口汽車不能零售，只能通過政府認定的有進口權的機構以「內部需求」這個理由進口汽車，這樣的機構當時只有一兩家，當然不是別列佐夫斯基的公司。煮熟的鴨子要飛了？俄羅斯記者杜博夫在其所著《大片段》裡記錄了這個時刻：「迄今為止，兩天兩夜過去了，他們（別列佐夫斯基）請那個企業（有進口汽車資格）的經理與兩名副經理一起吃飯喝酒，從大都市酒店給他們叫了幾個小姐，送了不少禮品，星期六的晚上，他們拿到了允許進口的

文件。」別列佐夫斯基的「關係」不那麼簡單。不過，閱讀對那個時代的論述，混亂時期，所有關係，其實都可以用金錢直接搞定。這個迅速而有效。

那麼，別列佐夫斯基送出去了多少錢呢？沒人知道。那位記者描述當年的行情：不是用具體數額，而是用高度來計量。要多高的一綑美元，是談判關鍵。比如說，最後他們決定，為了這個合同，好吧，我要 5 釐米的美元。

最後的結果是，別列佐夫斯基說這筆進口汽車生意他賺了 300 萬美元。之後，他開始真正進攻汽車「金礦」了。他從伏爾加汽車廠要的「代售」汽車，不是幾百輛，而是幾萬輛——第一批汽車，3.5 萬輛。先付 10% 的定金，剩餘車款兩年半後付清。

別列佐夫斯基的財富進入決定性的高度增長期，這個時候，汽車賺錢可不是只是一個批零差價那麼簡單。《華盛頓郵報》記者霍夫曼洞穿了其間騙局：別列佐夫斯基打算用盧布來償還伏爾加汽車廠的車款，可是過度的通貨膨脹就在眼前。這意味着，他償還的購車款要遠遠少於當初他購買時的價格。

是這樣計算的：以 1993 年 1 月開始計算，日古利基本車型的批發價格是 19

萬盧布，約等於 3,321 美元；同樣是這一時段，別列佐夫斯基的零售價是：4,590 美元——每輛車加價 1,269 美元。這是他基本的批零差價利潤，但這只是紙面上的。因為兩年後，通貨膨脹導致 527 盧布兌換 1 美元，這一匯率變化，結果就是別列佐夫斯基用極低的價格買進汽車，再用幾乎可以當衛生紙的盧布還款。從另外一種角度觀察這種交易：預付定金後，他同意以相當於 2,989 美元一輛車的價格還款；而兩年通脹後，他還按當年計算的盧布還款，這筆還款只相當於每輛車 360 美元。如果將 3.5 萬輛車以平均 3,000 美元計算，經過加價與通脹，他的利潤是 1.05 億美元。

如果按 527 盧布兌換 1 美元計，此次交易，別列佐夫斯基獲利五百多億盧布，比之當年那款軟件所賺的 100 萬盧布，他當然是超級富翁了。這幾乎是火箭般的發財速度。

霍夫曼跟別列佐夫斯基計算他的這筆交易的收益，別列佐夫斯基很得意：「伏爾加汽車廠的經濟學家們不明白這些道理。」霍夫曼也去問伏爾加汽車廠的總經理卡丹尼科夫是否感到內疚，得到的回答是：「我不感到後悔。很清楚的是，為什麼我給他們汽車，讓他們銷售，因為從前那種方式不是銷售，而是『分配』。」這下輪到美國人糊塗了。當然，事實很清楚：卡丹尼科夫幾乎把工廠的汽車白送出去了，伏爾加汽車廠迅速衰落。

一個國家轉型故事，不太可以單純用經濟計算的方式觀察。它更複雜。

古辛斯基

與只擁有「半輛車」的別列佐夫斯基相比，那個時候，弗拉基米爾·古辛斯基（Vladimir Gusinsky）是幸運的，他完全擁有屬於自己的小汽車；但他也是不幸的，他只能用它來冒充出租車，去機場拉「黑活」。

準確地講，古辛斯基失業了；失業之前，他是戲劇導演。

與普京同樣出生於 1952 年的古辛斯基，是「街道上」長大的孩子，這跟工廠大院裡長大的孩子相似，性格比較不吝。但他是猶太人，這一身份很限制他。他最初想報考的大學，是一所專門為軍工企業培養專家的學校，但這種學校不接受猶太人——大家告訴他，別報了，他們不要猶太人。古辛斯基不服，非報不可，學校拒絕了他。他只能去讀一所石油天然氣學院。後來古辛斯基描述他不被莫斯科那所大學錄取，極端憤怒——「我對每個人都生氣，對整個世界都不滿意」，結果石油天然氣學院他也未能

古辛斯基（攝於 2000 年）

讀完，輟學，然後去當兵。部隊留給他的痕跡是，掉了幾顆牙，因為打架；復員後，朋友建議他去報考莫斯科的國家戲劇藝術研究學院，這真是一個很奇怪的建議。古辛斯基數學物理很好，這是他有勇氣報考理工大學的條件，但他既沒讀過莎士比亞，也沒讀過斯坦尼斯拉夫……他還是決定試試。

面試他的是莫斯科小劇院主要導演拉文斯基赫（Boris Ravenskikh），他對憤怒的古辛斯基很有興趣：「你為什麼要學習戲劇導演？」「我要瞭解生活，生活中有很多東西讓我感到驚訝。」「什麼東西讓你感到最驚訝？」「人們之間缺乏溝通，人們已經失去互相理解的能力了。」拉文斯基赫決定錄取他，雖然他是班上唯一一個沒有戲劇經驗的考生。這次考試仍然碰到猶太人問題，拉文斯基赫錄取了 3 個猶太人，而全部學生只有 15 個，「你在幹什麼？（猶太人）太多了！」黨的官員指責他。古辛斯基說：拉文斯基赫不喜歡別人施壓，他固執地堅持不放棄猶太學生。

「生活中有很多東西讓我感到驚訝」，這是一句好台詞。當然，後來這種感歎發生逆轉，古辛斯基讓更多的人感到驚訝。人們已經失去互相理解的能力了？

莫斯科的戲劇舞台競爭太過激烈，古辛斯基沒有太多導戲的機會，他參加了1986年的友好運動會，當文藝演出導演。他的戲劇同行很反感他去做這種導演，「在台上指揮那些女孩子如何走動，手裡玩耍那些愚蠢的木棍，難道這就是戲劇導演真正的工作？」——這種指責，很有趣。

或許正是這種大型非戲劇演出的導演工作，開啟了古辛斯基另種藝術表達。當時戈爾巴喬夫倡導藝術自由，古辛斯基與共青團莫斯科市委聯合組織了一個「戲劇一日」活動，他們決定改變瓦西里大街的樣子，用黑色的緞帶為樹做花邊裝飾……KGB基層官員生氣了，這條大街，「戈爾巴喬夫要路過它去克里姆林宮」。他們當着共青團市委領導的面，拘捕了古辛斯基，指控他搞反蘇活動。他被禁止做任何大型群眾演出導演，這事實上封殺了他。他失去了工作，但家裡還有妻子與兒子需要他供養。拉「黑活」成了生活來源。

一天晚上，他從車上下來，準備抽支煙，結果——他發現了自己的「金礦」！這個故事，戲劇導演古辛斯基講的更精彩：「我把車停在電車站附近。當時我很瘦，穿一個皮夾克，我看了眼存放變壓器的地方，轉過去，準備抽煙；很本能，我又轉回來，突然我看見了一個金礦！這是什麼東西？一個巨大的木圈，足有兩米高，裡面纏着銅電纜，銅電纜是供電車變壓器使用的。它長長的，是純銅。我意識到，這就是我的金礦！」

所謂金礦，是一種銅手鐲，當時在蘇聯非常流行。古辛斯基看到了木圈裡的銅線，他偷走了它——國家財產。然後找到一家閒置的工廠，6台金屬壓印機開始加班生產。然後他又成立了自己的合作企業，這家企業每天可生產出五萬多件手鐲，一個手鐲的成本是3戈比，售價為五盧布，一天他就可收入25萬盧布。這是一位研究院博士月薪的500倍。變革年代，「黑車」司機找到了自己的第一桶金，生活逆轉。導演資格已經失去，導演生涯也已遠去。

從微觀上觀察蘇聯的經濟改革是一件很有意思的事情，最早在莫斯科，啟動進入市場經濟的方式是開辦「合作企業」。所謂「合作企業」，就是私營企業。葉利欽任莫斯科市委第一書記時，任命盧日科夫（Yuri Luzhkov）來審批「合作企業」——審批的實質就是盧日科夫代表私企主們，跟行政管理部門討價還

價的過程。後來，研究者總結蘇聯的「資本主義之父」，「之父」當然不止一個人，但無論有幾個「之父」，盧日科夫都名列其中。

大概也只有強悍如盧日科夫，才可能去辦理審批合作企業這樣的事。這事當時是新鮮事，《莫斯科新聞》記錄了當時如何審批一家合作企業：一個有着三個孩子的戲劇演員，申請批准她辦一個烘焙蛋糕的小店，盧日科夫和另外兩個官員同意了，但反對者開始「按章辦事」：公寓面積多大？有健康證嗎？如何照顧孩子呢？……這一切都得到妥當的答案，沒有難到這個演員。接下來，一位衛生部門控制流行病的女官員提出一個尖端問題：您的公寓內有飲食行業專用的通風設備嗎？這個問題不止那個演員，審批委員會的其他官員都不知是什麼意思。盧日科夫發飆了：「走吧！回到你自己該去的地方！我是這個委員會的主任，我同意這名婦女從事這項生意。」這位記者感歎，不是盧日科夫，這事還真難辦。

很多時候，盧日科夫也不知如何辦，他經常會跟私企主們在晚上進行討論，尋找如何突破僵化的計劃經濟結構。這個時候，他妻子去世了，他的時間更多了。一次他邀請古辛斯基去他家作客，「咱們喝點什麼？喝茶吧。」盧日科夫找到

了茶與茶杯，從冰箱裡找茶點，找來找去，找出一塊發霉的黑麥麵包……「從那時起，我們關係變得很親密了。」古辛斯基說。

在自己美國生意合夥人的邀請下，古辛斯基陪盧日科夫訪問美國。這個時候，盧日科夫最大的夢想是在莫斯科開辦一個巨型的中央食品生產基地，跟他們傳統的超大企業一樣。美國人帶着他倆去了超市，「盧日科夫被驚呆了」！這種超市跟他想像的莫斯科生產基地完全不同，他不停地提問，還堅持要到超市後面去看肉是如何切割的……

從美國回來後，他倆開始合作，古辛斯基有了自己穩定而長久的靠山。與權力結合，這是「新俄羅斯人」一般模式。盧日科夫為古辛斯基提供莫斯科的舊房屋，完全免費；古辛斯基重建完這些房屋後，把其中一半或者 2/3 交還給市政府。對他來說，把剩下的部分賣掉，他仍然能賺巨大的利潤；而對盧日科夫而言，他雖然掌握控制建築物的批條，但沒有其他的資源可供他支配，而現在，不費勁就為市裡得到貴重的新修繕的房屋和辦公空間。這對雙方，自是「雙贏」，也拓展了盧日科夫後來城市改造的思路。也因這個合作計劃的展開，古辛斯基創辦屬於自己的橋銀行（MOST Bank），早期網羅了莫斯科市政府主

要賬戶，這當然是一個特權，他可以與市政府的資金打交道。銅手鐲生產者，找到了自己進入市場經濟的路徑。

古辛斯基與別列佐夫斯基雖然都是猶太人，但顯然街頭出來的、過往的憤怒青年古辛斯基有着自己的尊嚴與敏感。他的財富激增之路遠不如別列佐夫斯基戲劇化，但他卻很平衡地找到了與財富共同增加的權力來源——媒體。

在戈爾巴喬夫公開性、民主化、多元論的改革思路之下，新聞記者成為當時一股巨大的政治力量，他們被看作是俄羅斯社會的「希望明燈」，在俄羅斯第一屆最高蘇維埃成員中，新聞記者佔了10%的份額。但是，在市場經濟社會裡，媒體也是經營實體，這不是只有政治理想就可以的。古辛斯基被不少著名記者遊說出錢辦一份報紙，「成為傳媒巨頭」。

古辛斯基很認真地思考了記者們的建議，他自述自己完全不懂得報紙，但他有着自己的角度。那一代暴富的「新俄羅斯人」，一般的慣例是尋找權力靠山，而如此必不可少的手段則是行賄，但行賄是個死胡同，最終總有人出更大的價錢——有着不同於其他商人的自尊的古辛斯基告訴美國記者：「行賄對我來說是一種恥辱。它對我意味着，要麼是我

在做一些公眾場合見不得人的事——這意味着我是個流氓；要麼那錢是用武力從我這裡勒索的。不管是那種情況，它都表明我屈服了：你只能這樣做。」古辛斯基要反抗它！

那麼，除了參與無休止的競爭、無止境地行賄來提升影響力之外，有沒有辦法施加更大、更系統化的權力呢？古辛斯基在這裡找到了他辦報的理由：媒體可以做到這點。

民主政治與市場經濟共同成為俄羅斯改革目標之際，思路迥異於傳統的媒體大亨出現了。1993年2月，古辛斯基創辦他的《今日報》（*Segodnya*），當年10月，又開辦他的獨立電視台，然後建立了一個媒體集團。追逐理想的記者與追求權力與影響的資本家，奇特地結合起來了。

休克療法與國家財富分配

戈爾巴喬夫放棄了激進的「500天計劃」，那麼，當蘇聯解體之後，他的反對者葉利欽必然會為俄羅斯選擇更為激進的進入自由市場經濟策略——休克療法。這不只是經濟政策的選擇，它更是政治選擇。

葉利欽找來32歲的蓋達爾（Yegor

俄羅斯著名經濟學家、政治家、「休克療法」推行者蓋達爾。（攝於上世紀九十年代）

Gaidar）為他設計具體的改革方案。在同輩人中，蓋達爾知識最為淵博，而且被認為是「最聰明」的人。他的性格溫順，有趣的是，他的同事分析，「他其實是一個漸進主義者。他是一個小心翼翼的改革家，對現在的政權也很尊重。」與他搭檔的來自聖彼得堡的經濟學家丘拜斯，卻是一個熟練剛強的執行者，也是一位政治勇士——這與更知識分子氣質而非政治家的蓋達爾比較，差異不小。公允而論，他倆都是真誠的改革家。但改革之道，歷史的自然進程，卻未必在設計者可以掌握的範圍之內。

蓋達爾與丘拜斯所面臨的真正經濟學意義上的挑戰是：首先，如何將價格從國家的全面控制中分離出來，使中央計劃經濟的工具喪失作用；其次，如何剝離國家對資產的壟斷，把國家巨大的工業財富分到個人手裡，建立私有財產。這是他們兩人的挑戰，實則也是決定走市場經濟道路的俄羅斯的國家挑戰，如何破解？

這兩位已經創造了歷史的聰明人當然明白自己面臨的困境，無論是放開價格，還是建立私人財產機制，它們都有賴於

一整套相互配合、共同作用的市場主要機構，以及法律體系的建立。可是，剛剛獨立的俄羅斯，何嘗有這一整套系統呢？蓋達爾後來承認：他曾被這些問題反覆糾纏，很形象的解釋，「這正如是先把拳擊場（市場經濟體系）建立起來，再放出拳擊手（放開價格與形成私產）；還是先放出拳擊手，再建立拳擊場。」蓋達爾與丘拜斯最終決定：先放出拳擊手，其他事由後人來負責。丘拜斯更樂觀，他堅信：拳擊手們如果覺得有必要的話，他們自己會建立拳擊場的。

難道漸進主義的改革途徑從來就不是他們考慮的選擇嗎？或者僅僅因為葉利欽不會選擇戈爾巴喬夫的道路？仔細辨析這段俄羅斯歷史的各種材料，相信這兩個因素，對站在那個歷史時刻的蓋達爾與丘拜斯，都不是原因。在蓋達爾與丘拜斯看來，蘇聯的官僚體制實在太可怕，他們以及那些「紅色廠長」，都想保留自己的權力。比如那個龐大的伏爾加汽車廠的總經理卡丹尼科夫甚至願意將國家的汽車白送出去，如何可以在他們掌握國家經濟命脈的狀況下建立市場經濟體系呢？而且，蘇共解散，新的俄羅斯「中央權力」遠遠不如當年蘇共有控制能力……經濟改革，當然不只是經濟而是政治問題。正是考慮這種種俄羅斯現實，蓋達爾與丘拜斯的結論是：漸進主義就是死亡，它會加強既得利益者的勢力，消滅任何改革的機會。

人類的理性當然有限，但在有限的理性裡最廣泛、最深入的計算之後，俄羅斯的改革之道，激進的休克療法，無可避免。

蓋達爾和他的團隊開始破解價格放開之策，他們在為葉利欽起草的一份報告提供了使用休克療法的方案，但卻故意未提價格放開的具體時間，他們害怕提出具體的日子會導致人們的恐慌和大量囤積食品，這是一個難以承擔的責任。葉利欽把報告初稿送回，並在上面批示：價格要在年底放開。大家都驚呆了，這不是可以提前公佈的東西呀。蓋達爾的團隊甚至想嘗試讓葉利欽將批示劃掉。但葉利欽的選擇更政治化，1991年10月，他在講話中再次重述自己的觀點：在當年一次性地解除對價格的凍結。這意味着1992年1月1日之前，放開價格。結果，價格放開的第一個月，通脹即達460%，而一年時間，則高達2,600%。這是別列佐夫斯基可以火箭般賺錢的機會，也是普京考慮如何給聖彼得堡尋找足夠的食品的原因。

如此高通脹，當然政治上不正確，蓋達爾以去職而求平復民情，勢在必然。不過，蓋達爾完成了他的歷史使命，將價格從國家控制中分離出來，計劃經濟被

去掉了最強大的控制工具。只是，這個過程代價不菲。

已經走上這條道路，沒有回頭路可走了，「蓋達爾」們必須繼續。第一波改革已經如此艱難，第二波改革，剝離國家對資產的控制，將會更加艱難。蓋達爾需要有人把此事負責到底，他找到了丘拜斯。丘拜斯當然明白他以及這個國家面臨的挑戰，他深吸一口氣，跟蓋達爾說：「你明白嗎？不管結果如何，我下半輩子都將被人恨，因為我是賣掉俄羅斯的人。」蓋達爾回答說：「我們都不得不喝下這杯毒酒。」

丘拜斯第一次提出他的私有化方案，是在 1992 年 3 月，這時正是通脹高企期。在後來他出版的《俄羅斯的私有化》一書裡，詳細地敘述了這一曲折過程：向俄羅斯最高蘇維埃提交報告——他必須完成這一過程，才可以獲得一個私有化的法律基礎。在報告裡，他設計的方案是給工人和經理（內部人士）40% 的企業股份，剩餘股份賣給外部人士。最高蘇維埃——在丘拜斯看來，這是以「紅色廠長」與前共產黨職業政工人員為主體構成的委員會，他們反對這一比例。這一批人提出了另一種比例方案，即把企業的 51% 股份交給內部人士，剩餘的股份出售或由國家控制。丘拜斯堅決反對這個方案，他擔心這樣，內部人士就會保持現狀。「如果整個改革方案就是為了造就新一代的有能力的物主，他們怎麼能從以前那些蘇聯工廠的經理們中產生呢？」

最終，丘拜斯還是妥協了。他後來回憶說：「如果廠長們不同意的話，私有化根本通不過，沒有法律，如何改革？」俄羅斯最高蘇維埃通過了，私有化的框架確立。但如何將超級巨額的國家工業財富私有化——其具體的路徑如何？

借鑒了捷克斯洛伐克的私有化方案，丘拜斯和他的團隊決定把全國的資產以 1.48 億份支票和憑單的形式分割，這些支票和憑單可以在拍賣企業資產時進行交易。丘拜斯大膽地創建了一支新的股東隊伍——全體大眾，他宣稱：這一方案代表中央控制經濟和政治制度的死亡……而建立在「規則」基礎上的大規模私有化的開始，就意味着高官和強權偷竊國家資產的結束。在電視講話裡，丘拜斯很形象地解釋說：一張憑單可用來購買兩輛伏爾加車。

對於憑單的作用，公正地看，目前的定論是：憑單本身與其說是經濟工具，倒不如說是政治策略，丘拜斯用它們來使所有的人都感到他們能分得一塊餡餅。這就使他贏得了公眾對私有化的支持，使之不可逆轉。

1993 年 1 月 12 日，莫斯科人在一家國有麵包店排隊購買麵包。

希望逆轉私有化的力量當然存在，而且存續至今。在當時，最激烈的衝突，則是 1993 年 10 月，最高蘇維埃與總統之間的武裝對抗。從政治的角度觀察，它是俄羅斯究竟採用總統制民主制度，還是採用議會制共和制度的競爭。但從歷史的進程，更客觀地觀察，政治實為其表，其內裡則是對私有化的一種反抗。簡單而論，從計劃經濟的社會主義的蘇聯，轉型到市場經濟的民主政治的俄羅斯，必然會遭遇傳統的社會主義力量的對抗，這在俄羅斯變革的歷史過程裡，將是長期的「兩條路線」的鬥爭。丘拜斯所作所為，意義何在？他對國家工業財富重新分配，以及之前的放開價格，是從根本上瓦解社會主義的制度設計。衝突勢在必然。觀察俄羅斯歷史演進，「兩條路線」鬥爭才是綱領性的脈絡，非此，無可理解後來種種衝突。

仍然回到丘拜斯設計的憑單方案，更認真地觀察，憑單僅僅是資產重新分配的過渡步驟，是最終找到新的物主的中途站。多長時間才會達到目標呢？這些新的物主是誰？

如果說別列佐夫斯基與古辛斯基之前在戈爾巴喬夫時代還只尋找制度的空隙以求財富，而這個時候，在全球罕見的俄羅斯財富重新分配過程中，他們將會扮演什麼樣的角色？

汽車金礦

擁有一輛屬於自己的小汽車，對俄羅斯人誘惑實在太大。從掌握幾萬輛伏爾加廠汽車的「代售」權後，別列佐夫斯基成為俄羅斯最大的汽車零售商，他還銷售奔馳（Mercedes-Benz）、本田（HONDA）、雪佛蘭（Chevrolet）、克萊斯勒（Chrysler）、沃爾沃（VOLVO）……眾多外國汽車。他成了這個行業名符其實的大哥。

可是，大哥是用來挑戰。零售行業，尤其是「代售」，比較工業企業，投入成本是非常低的。這種低門檻，使俄羅斯汽車零售業成為黑幫爭奪的戰場。俄羅斯媒體論述的最大兩個黑幫集團，一個是車臣幫，一個是斯拉夫幫——他們共同的目標都是別列佐夫斯基「大哥」，1993 年他的停車場被攻擊三次，展廳也被手榴彈炸過。別列佐夫斯基的自保之道，是這年年底逃到以色列，取得了以色列公民身份—— 此時，他是一個應當被認真保護的「外國」資本家了。

「外國人」別列佐夫斯基就讓黑幫住手了嗎？1994 年 6 月，別列佐夫斯基走出俱樂部大門，坐進自己的奔馳 600 的後座，前座司機旁坐着他的保鏢。在下午的交通高峰期，他們的汽車駛出院

子，上了公路，駛過一輛停着的歐寶牌小汽車時，這輛汽車裡的遙控炸彈爆炸了！爆炸力量很大，掀開了奔馳的前車蓋……司機死了，保鏢炸瞎了一隻眼，7個正在等電車的行人受傷，一個街區外的大樓玻璃被震碎了。別列佐夫斯基從血腥的、濃煙滾滾的廢墟裡爬了出來，他也被燒傷了，震暈了。還好，他保住了性命。

爆炸四天後，還打着繃帶的別列佐夫斯基，在一個為慶祝俄羅斯節日的活動上碰見葉利欽，葉利欽非常吃驚，問他發生了什麼。葉利欽找來安全部長，要求他們一個月時間破案。但是，這事其實過去了。六年後，直到別列佐夫斯基被迫離開俄羅斯，案件也沒破。

安全當然是一個重大問題，只是俄羅斯這段野蠻的叢林時代，沒有誰因為安全問題而放棄對財富的瘋狂獲取。別列佐夫斯基還只是代理商，那個金礦，還在1,000公里外的陶里亞蒂。

別列佐夫斯基從來也沒有停止掠取汽車金礦的步伐，在此次可能致命的爆炸案一年之前，他就開始了自己最後的攻堅戰。

休克療法時期，通貨膨脹，盧布貶值，別列佐夫斯基火箭般獲取財富……下一步的目標當然是那個龐大的伏爾加汽車廠，但從何處下手呢？後來，別列佐夫斯基告訴記者；既然政府可以發放憑單，那我為什麼不可發行股票集資呢？他開始反覆拜訪俄羅斯財政部，推銷自己集資20億美元建立一個生產人民的汽車工廠的夢想。伏爾加汽車廠的總經理卡丹尼科夫堅決支持別列佐夫斯基的造車夢，他的身份，強化了這一夢想的可行性。

1993年年底，別列佐夫斯基的集資造人民汽車的計劃通過了。12月13日，在靠近克里姆林宮的曼尼日納亞廣場（Manezhnaya Square）上的展覽館開始銷售他的證券——這是專門在瑞士印製的、其質量可以與任何國家的貨幣進行比較的證券，並且使用了特殊的防偽技術。證券的正面寫着：一股。票面的價值是1萬盧布。

為促銷這種證券，其代理商推出一種特別的手段：拿出10萬輛伏爾加汽車通過抽獎的形式折價賣給那些證券持有者，第一次抽獎在1994年2月進行；這次抽獎共提供6,500輛汽車，其中650輛是免費贈送的，其他部分則以20至50%的折扣出售。抽獎的規則是：只有那些沒有買賣手中證券的人（證券原始持有人），才有資格參加抽獎。

看上去，計劃完美無缺，但這是一個騙局。那麼，我們僅僅討論和描述一個發財的騙局？不完全是。

回到丘拜斯以憑單分配俄羅斯工業財富的制度設計，憑單只是資產重新分配的過渡性步驟，是一個中途站，它如何達到它的終點——私有化最終如何完成？才是問題的關鍵所在。丘拜斯計劃推出兩年後，70%的國有經濟都變成了新的私有制經濟，但這個過程如何，至少沒有太多令人信服的整體性的報告出來。而別列佐夫斯基的故事，實則是一個可以瞭解俄羅斯以憑單方式完成私有化絕佳的個案，他的種種設計都足夠精密，但是邪惡。而且，他的案例，因為材料充分，研究者眾多，是後來用來描述俄羅斯私有化廣泛使用的案例。

還是那位美國記者霍夫曼，他破解別列佐夫斯基的計謀：如果認真對待汽車證券，無論從法律還是傳統意義上講，這一證券都不是一種股票，而是一種新的債券，應稱為「無記名證券」。無記名證券只給持有者一種權利，即用來換取真正全蘇汽車聯盟股票。然而，無記名證券的交易非常困難，所有無人認領的股份（絕大部分）將由全蘇汽車聯盟控制。這意味着，真正的控制權在全蘇聯盟的創建者手裡，他們是別列佐夫斯基與卡丹尼科夫關係密切的公司

和銀行。只有證券原始持有人才有資格抽獎，如此設計的結果，是大多數人不參與證券的買賣，把證券放在家裡——這樣，別列佐夫斯基就可以把購買者的錢緊緊地攥在自己手裡；而且，證券上不設計持有者的簽名，又使這些證券看上去容易交易，但無論交易與否，因為證券上沒有名字，出售的公司也不會留底，所以，又無法兌現他們許諾的紅利。

這真是步步精巧的詭計，別列佐夫斯基的要付出的成本是什麼呢？10萬輛伏爾加汽車的抽獎，可是，即使這一抽獎，他也只進行了三次，折價出售了1.4萬輛汽車。

大約在半年時間裡，別列佐夫斯基共集資253億盧布，相當於1,500萬美元，這當然離他的目標還很遙遠，但他們無力再集資了。莫斯科出現更有誘惑的集資方式——MMM公司的高回報率騙走了1.3億美元。他們被擠出局了。

別列佐夫斯基果真是想集資來建造人民的汽車工廠？當然不是。他的目標一直很明確：伏爾加汽車廠。對於像伏爾加這樣的蘇聯工業的驕傲的企業，別列佐夫斯基需要更多的錢去購買，設計出「證券」這種方式，他的目標是用來購買伏爾加汽車廠。這一設計最精密之處

蘇聯時代，伏爾加汽車廠的生產車間。（攝於 1984 年）

在於：當時俄羅斯法律對這種實則為無記名證券的債券，沒有任何約束性規定。沒有什麼法律可以處罰他。別列佐夫斯基用利息和再投資，將集資的1,500萬美元迅速增值到5,000萬美元。這下，他買伏爾加汽車廠——他的金礦的錢足夠了吧。

現實遠遠超過想像。財政報告表明：別列佐夫斯基的全蘇汽車聯盟僅花了61億盧布，相當於310萬美元，購買了俄羅斯最大汽車廠的1/3的股份。這是買，還是搶？

別列佐夫斯基用了兩個手段完成了他的豪奪，第一、全蘇汽車聯盟利用憑單購買工廠的股份；第二、全蘇汽車聯盟是伏爾加汽車廠拍賣招標的中標者。但這次招標，只有一家投標者，就是全蘇汽車聯盟。按道理，中標者全蘇汽車聯盟應當對企業投入足夠的資金，但後來，伏爾加汽車廠又發行了新股票，其中大部分賣給了全蘇汽車聯盟。如此資本循環錯位使用，最終只用去區區數百萬美元，別列佐夫斯基就擁有了伏爾加汽車34%的股份，進入董事會。集資掙回來的5,000萬美元，對購買伏爾加汽車廠而言，不是少了，而是太多了。

在這一切購買活動全部結束之後，不是由別列佐夫斯基，而是由卡丹尼科夫向

媒體表示：造車計劃推遲了。之後，又告訴媒體：不可能建造汽車廠了。最後在一份報紙上刊佈公告，說全蘇汽車聯盟召開了年會，會議「譴責了1994年6至7月經濟社會的負面傾向，造成了不利的投資環境」。「人民的汽車」永遠保留在人民的夢想裡了，但人民的錢是拿不回來的了。

別列佐夫斯基是俄羅斯私有化的標本？當然不可以這樣以個案代表整體，唯一可以肯定的是，別列佐夫斯基的故事不是唯一的。

世事難料。從擁有半輛日古利牌小汽車開始發夢，用盡各種天才而邪惡的手段，追逐自己的金礦——伏爾加汽車廠。但真到拿到了34%的股份之時，別列佐夫斯基發現，實業尤其是汽車掙錢，速度還是太慢。

什麼快？金融，而且是非規則手段的金融服務。別列佐夫斯基擁有自己的銀行，主要的業務是向政府貸款，佔其貸款量的一半。俄羅斯財政部是他們主要的客戶之一。這家銀行的副總裁離職後接受採訪，說自己曾經非常努力地想借用西方的投資金融方式來改變這家俄羅斯銀行，但結果他非常困惑：「辛辛苦苦幹投資，到頭來可能『毫無所得』；但當你和你的財政部的哥們一塊去洗次桑

拿，他們就可以給你的銀行注入 6 億美元的資金。」

這幾乎是呆子也會掙的大錢：財政部把那筆錢存入別列佐夫斯基的銀行，然後指示銀行發放給邊遠地區。銀行要做的就是收下這 6 億美元，不用付給財政部一分錢，銀行可以推遲把錢發給邊遠地區。而且他們得到這筆發放的錢，不是現金而是期票。在這個時間差時，別列佐夫斯基把錢投入到高贏利的投資裡，錢全回來了！

在這個時候，再來回顧盧日科夫把莫斯科市政府的主要賬戶給古辛斯基的橋銀行，是多麼大的一個特權了吧！

媒體權力

早在尋找伏爾加汽車廠的關係資源時，別列佐夫斯基就有系統性的思考：「廠長們需要什麼？他們需要莫斯科的關係，這個我們目前還沒有。」當他購買了伏爾加汽車的股份，並成為俄羅斯財政部指定銀行之後，「莫斯科的關係」達到什麼程度？

正在別列佐夫斯基發行他的人民汽車證券之際，葉利欽完成了他的第二本自傳《總統筆記》，這本傳記的捉刀人尤馬舍夫（Valentin Yumashev）把別列佐夫斯基帶進了克里姆林宮，介紹給葉利欽。別列佐夫斯基有個超越總統的計劃：這本書可以在芬蘭出版 100 萬冊。別列佐夫斯基幫助總統在倫敦銀行開設個賬戶，存這本自傳的版稅。別列佐夫斯基由此建立了與總統的個人關係。

這個過程當然有中間步驟。尤馬舍夫是葉利欽自傳的捉刀人，但他同時也是《星火》（Ogoniok）周刊的編輯。別列佐夫斯基對關係的識別能力很強，他迅速決定資助這本雜誌。得到的回報當然是進入克里姆林宮，向總統推銷一本書的國外出版以及版稅安排計劃。後來，葉利欽的第三本自傳《午夜日記》裡提到別列佐夫斯基，「我一開始就不喜歡他。」可見，出版第三本傳記的時候，他們彼此已經分手，恩斷義絕，故有此言。而被葉利欽解職的衛隊長科爾扎科夫的描述或許更接近當時的真相，在第二本自傳出版時，「別列佐夫斯基開始得到葉利欽的欣賞」。

別列佐夫斯基的莫斯科關係是：總統葉利欽。

也就在這個時候，別列佐夫斯基與古辛斯基為着爭奪俄羅斯航空公司數億美元的國際票務授權而發生衝突。別列佐夫斯基在總統圈子裡開始散佈中傷古辛斯基的各種言論，奇怪，他的中傷言論

還真管用。葉利欽對衛隊長科爾扎科夫說，「為什麼你不能處理一下古辛斯基的問題，問問他是誰？」科爾扎科夫說葉利欽當時其實抱怨的是古辛斯基的車，在進城的路上擋住了他的妻子和家人，「多少次了，塔尼婭（葉利欽女兒）和奈娜（妻子）開車出去，路總是堵着，就是為給古辛斯基讓路。他的獨立電視台已經不受控制了，他太過分了。去處理他！」

這點小事，需要嗎？這果真是別列佐夫斯基中傷的結果？科爾扎科夫，最直接的當事人解釋是這樣：正如聖彼得堡的索布恰克一樣，盧日科夫也在各種媒體受歡迎的政治人物裡排名前列，他會不會也跟索布恰克一樣，是未來總統競爭的挑戰者？而古辛斯基與盧日科夫關係最近。這當然是猜測之論。真實的情況是，古辛斯基的獨立電視台，正在形成一種新型的對抗總統的力量。

1994 年年底，第一次車臣戰爭開始了。

車臣戰爭，是解釋俄羅斯歷史走向的另一條綱領性脈絡。簡單地講，葉利欽因為要求「俄羅斯優先」，因而要求俄羅斯主權與獨立，如此促成蘇聯解體。這正如戈爾巴喬夫放棄社會主義的陣營所打開的第一個俄羅斯套娃一樣，葉利欽仿照他打開了第二個俄羅斯套娃。現在

葉利欽自食其果，他面臨正在被打開的第三個俄羅斯套娃：車臣要求獨立。

從國家利益的角度，葉利欽當然不能允許這種分裂行動；但從道義上講，這個促使蘇聯解體的當權者，又如何能夠說服自己與民眾不給車臣獨立呢？事實上，車臣 1991 年就開始尋找獨立的可能性，面對杜達耶夫（Dzhokhar Dudaev）領導的獨立運動，葉利欽在自傳《午夜筆記》裡記述自己的策略：「漸漸地、平穩地將反杜達耶夫的情緒和勢力滲入車臣，給予資金支持，如果需要，也可提供專業人員。要做到讓人民自己趕走杜達耶夫。」總體而言，葉利欽是尋找和平解決之策。但到了1994 年，科爾扎科夫——被媒體稱為「戰爭黨」的總統周邊關鍵人士，決定選擇更為激烈的武力解決之道。

1994 年 11 月 26 日，車臣 1,500 人的「反對派」從三個方向用坦克開始進攻車臣首府格羅茲尼（Grozny），經過10 個小時的戰鬥，杜達耶夫控制住了局面，打敗了襲擊者。面對這次戰役，俄羅斯方面否認捲入衝突；但杜達耶夫顯然不這麼看，他下達最後通牒：限俄羅斯方面在 29 日之前承認參與衝突，否則將對被俘的 58 個俄羅斯軍人實施極刑。這場戰爭當然是俄羅斯軍方主導下的進攻，但俄羅斯方面的否認，將自己

架上了尷尬之地。

戰爭打響前，有聯邦安全局的官員會見獨立電視台，希望電視台將即將開始的戰爭緩一緩報道，獨立電視台拒絕了這級安全局高級官員的要求。獨立電視台記錄並報道了這場潰敗的戰役，整個秘密的攻擊，在電視上變成了殘酷的失敗，這震驚了絕大多數俄羅斯人。而且電視還不斷地播發被俘的俄羅斯士兵——看上去，似乎杜達耶夫更樂意跟獨立電視台合作，並為他們的採訪提供足夠的方便。對此，克里姆林宮當然極端憤怒。

第一次車臣戰爭，無可避免。11月30日，葉利欽簽署密令，準備軍事行動。

「處理」古辛斯基，當然不再只是電視台擋住了葉利欽妻子的車那麼單純了。因為戰爭，也因為古辛斯基獨立電視台的報道，主戰派首領科爾扎科夫「處理」此事有了葉利欽未必知道的新的理由。他自己後來詳細地記錄這場戲劇性的「處理」過程：12月2日，一個蒙面人穿着沒有徽章的制服，拿着自動步槍，到了古辛斯基在莫斯科城外的家，試圖與私人保安交火。蒙面人走了，但當古辛斯基駕車從家裡去市中心時，他們又在高速公路上跟蹤他的車，一直跟到他的辦公室。蒙面人當然是科爾扎科夫的人。古辛斯基飛快地跑到他的21層辦公室。蒙面人走了，接着又來了一群穿制服的蒙面武裝人員，他們帶着武器……開始毆打停車場的保安，讓他們在雪中排隊。古辛斯基叫來他的電視台記者，拍下這一切。這一事件轟動一時，但長時間沒有人知道是誰幹的，直到科爾扎科夫後來將這一切寫出來。

故事沒有完。恐懼而緊張的古辛斯基，在辦公室給他的朋友——聯邦安全局莫斯科分局的負責人打了一個電話，請求支援，這位負責人向大廈派去了一支隊伍。科爾扎科夫的制服暴徒與聯邦安全局莫斯科分局的隊伍碰面了，有人開槍了，一發子彈擦着科爾扎科夫士兵的皮夾克飛過去，另一發子彈擊中了一輛汽車……全面的戰鬥正待打響，聯邦安全局的士兵認出曾經共事的科爾扎科夫隊伍裡的戰友，他們意識到自己正在與總統衛隊的精英戰士對陣，他們迅速撤退了。

大廈的這場衝突，又促使科爾扎科夫向這裡增派了一支小型快速反應部隊，他們封鎖了所有入口，檢查古辛斯基的所有汽車。古辛斯基的司機把自己反鎖在奔馳裡，不敢出來，這個時候，科爾扎科夫很得意地寫道：「讓他出來，他不肯，後來就在車頂放了一枚手榴彈，他立刻就跳出來了。」但他又說：其實手榴彈根本就沒有引爆線。

普通的莫斯科人長時間不知道這些暴徒是由誰指使，但古辛斯基很快就知道他的對手是誰，如果他都不知道，這場衝突不是白演了?! 科爾扎科夫究竟為什麼如此操作？他自己還提供了一個有趣的答案：這是別列佐夫斯基開的頭，他要求勒索一下這個商業對手。古辛斯基會屈服嗎？絕大多數人不知道當年因為猶太人的身份，他所遭受的屈辱與靈魂深處的憤怒。他拒絕合作，也拒絕停止車臣戰爭的電視節目。壓力不斷升級，越來越大，古辛斯基後來回憶：「我感到害怕，但是我不能同意停止，我是在大街上長大的，不是嗎？我不喜歡被威脅，我真的很害怕，的確，但是我不能對任何人表現出我的害怕，是吧？我說，去你的吧，你們所有的人都滾蛋吧！」

獨立電視台不斷講述車臣戰爭裡政府不願承認的事實，夜復一夜，他們用俄羅斯電視台從未使用過的方式播放。當俄羅斯的直升機被擊落時，獨立電視台播放了飛機殘骸，但是政府官員卻一言不發；當俄羅斯士兵被俘時，獨立電視台也播放了，而政府卻說沒有戰俘……古辛斯基說：「多虧我們對戰爭的誠實報道，我們成了真正獨立的電視公司。就在那一刻，我意識到了公共服務是什麼。」

當初夢想利用媒體來建立權力與影響力的古辛斯基，因為這場戰爭，終於確立。

從結果上看，那些搔擾者不是打敗了古辛斯基，而是拯救了他。這真是反諷。或者這僅僅只是基於古辛斯基的勇氣？這當然是因素，但真正的原因是他站在了歷史邏輯這一邊。這是一個更為複雜的話題。俄羅斯的歷史邏輯在此刻幫助了他，後來又幫助了普京。

古辛斯基的獨立電視台後來又創辦了一個週播的新節目：木偶。這是一個經常會以葉利欽為主角，並竭力醜化他的節目。這讓葉利欽很生氣，他跟盧日科夫打了一個電話：「他們在污辱我！」但節目仍在繼續播出。葉利欽也不再干涉，他對民主政治的適應力遠遠超過我們的想像。克里姆林宮的攻擊，最終的結果是敗壞了盧日科夫與古辛斯基的關係，橋銀行的那些官方賬戶被轉走了。獨立電視台在車臣戰爭時，在莫斯科的觀眾達到 48%，是其他所有電視台觀眾之和。戰爭結束後，這家電視台每分鐘的廣告價值達到 1 萬美元，對政治有價值的，對商業也有價值。

無論是尋求保護，還是選擇對抗，俄羅斯新一代富豪已經達到可以跟總統「平等」的地位，這種變化意味着他們擁有了無可忽視的巨大的權力。別列佐夫斯基再次說服葉利欽，「為他建立一條電視專線」——1994 年底，葉利欽簽署命令，沒有按照法律要求的拍賣程序，

葉利欽和小女兒（攝於 1997 年）

國家電視台私有化了。別列佐夫斯基與他的銀行家朋友擁有了這家更名為「俄羅斯公眾電視台」49% 的股份，他們提供的基礎資本只有 220 萬美元。

當俄羅斯新富豪們擁有了金融資本、工業資本以及傳媒集團之後，他們獲得了空前的權力，問題是，他們如何使用自己的權力呢？

拯救總統

1995 年年底，葉利欽再一次「消失」，長時間未出現在公眾場合。卸任後，在自傳裡，葉利欽寫出了這次病情：心肌梗塞。這場病是一場災難，許多人擔心的事情似乎正在發生。

這年的下半年，別列佐夫斯基加入了對石油財富的爭奪之中，他計劃向美國的索羅斯（George Soros）借 1,000 至

俄共領導人久加諾夫（攝於 1996 年）

1,500 萬美元來購買西伯利亞石油公司。索羅斯告訴他：「我 1 美元也不能借給你！」——為什麼？別列佐夫斯基解釋說：索羅斯擔心共產黨領導人久加諾夫會當選總統，然後重新把私有資產國有化。如果這樣，那果真投入 1 美元都算太多。

即使如索羅斯這樣的美國人，擔心的也並非沒有道理。在這年年底的俄羅斯國家杜馬選舉中，俄共成為杜馬第一大黨，獲得 44% 的代表議席。「兩條路線」的鬥爭再次公開化。俄國共產黨宣言很坦率：能源國有化、銀行國有化、撤銷私有化。比較之下，這個時候葉利欽的支持率只有 3%。支持率其實就是「反對率」的另一種表達。而久加諾夫的支持率是多少呢？20%。就在這種極度的反差之下，葉利欽病倒了，而且是心肌梗塞。

轉過年來，俄共領導人久加諾夫出席了在達沃斯（Davos）舉行的世界經濟論壇，他成了這裡的焦點人物，有統計說他一天要接受 20 個記者的專訪，大家都想從這位最有希望成為下屆俄羅斯總統的人那裡打聽點什麼。他宣稱自己尊重民主權利和個人財產私有，還聲稱他將不會嘗試大規模的異化，但是，「如果將工廠放在次要發展的地位，從摩爾曼斯克到海參崴將會發生大規模的暴動。」——這些是西方記者不太能夠瞭解其真實意圖的說法。按照一位俄羅斯記者的解釋：西方人誰會去瞭解俄共黨章和宣言呢，雖然它裡面的「國有化」寫的清清楚楚。

這個時候，俄羅斯的社會學家庫留西塔諾夫斯卡婭（Olga Kryshtanovskaya）已將她的研究論文發表在《消息報》（*Izvestia*）上，她的論文用了一個詞：寡頭——以此來形容諸如別列佐夫、古辛斯基等一系列新出現的俄羅斯大亨。這個定義很精彩，它一下子成為俄羅斯以及西方世界描述並理解俄羅斯的關鍵性概念。但究竟那些富豪可以歸為寡頭之列，隨後成為爭議，但基本上在七位或八位之間，他們分別是：別列佐夫斯基、古辛斯基、霍多爾科夫斯基（Mikhail Khodorkovsky，尤科斯石油集團）、波坦寧（Vladimir Potanin，俄羅斯聯合進出口銀行）、弗里德曼（Mikhail Fridman，阿爾法銀行）、斯摩稜斯基（Alexander Smolensky，農業銀行集團）、維諾格拉多夫（Vladimir Vinogradov，帝國銀行）。有意思的是，這些寡頭也差不多都在達沃斯。

在久加諾夫對西方總裁以及媒體妥帖而含混的表達裡，這些寡頭當然嗅出了西方人不理解的「回到共產主義社會」的

危險。在這裡，索羅斯告訴寡頭們，他相信久加諾夫會打敗葉利欽，「如果共產黨選舉成功，你們這些企業家們將被掛在街燈柱上示眾，所以你們應該逃離這個國家以自救了。久加諾夫才是贏家。」但別列佐夫斯基不這麼看，他說，「我認為我們可以聯手起來打敗久加諾夫。」索羅斯平靜的回應說：「鮑里斯（別列佐夫斯基），你錯了。」

別列佐夫斯基拿起房間電話，撥通了古辛斯基，這對剛剛殘酷搏殺的對手決定迅速見面……回到莫斯科後，別列佐夫斯基組織起七寡頭，制定一套計劃，決定支持葉利欽執政。

病中的葉利欽，情緒低落，在他第三本自傳《午夜筆記》裡記錄那個時刻：「平生第一次我突然感覺自己幾乎處於政治上完全孤立的狀態……我面臨着受到所有大小風暴衝擊的生活，站着，卻又幾乎被風暴颳倒，強壯的身體——垮了；『最親密的朋友』——已經找到了你的替代人，猶如群禽慢慢地、漸漸地找到了新的首領一樣；最後，那些你一直作為依靠，是你的最後防線、後備力量——民族精神的領袖也與你斷絕了來往，而人民……人民既不能原諒『休克療法』，也不能原諒在布瓊諾夫斯克（Budyonnovsk）和格羅茲尼的恥辱。似乎已經輸得精光。」

這個時候，葉利欽的身體也確實糟糕，有 10 位醫生簽名給葉利欽寫了一封信：「會診結論：最近兩週俄羅斯聯邦總統鮑里斯·尼古拉耶維奇·葉利欽的健康狀況發生了不良變化，所有這些變化與急劇增加的體力負擔和精神負擔直接相關，遠距離飛行過程中頻繁的氣候變化和時差倒換是極其重要的原因，睡眠時間已經縮減至極限——每晝夜三四個小時。這樣的工作日程對總統的健康和生命存在着可能產生的威脅。」

最後，葉利欽還是下定決心參加總統競選。他的理由：「想到這種做法（退出政治舞台）將會促使某些人執政，我就難以忍受。」葉利欽決定由副總理索斯科韋茨（Oleg Soskovets）擔任競選班子的負責人，可是競選班子剛成立，就鬧出醜聞。媒體報道說，鐵路部門與冶金部門發放工資的那一天，要求人們同時到兩個部門簽字，一是為了領工資，一是支持葉利欽。葉利欽讓他的辦公室去查核一下，果然是索斯科韋茨下的命令。

寡頭們已經組織起來，他們決定在跟葉利欽見面時，一定要告訴他真實的支持率：3%。葉利欽同樣記錄了這次會見：「舉行會見的倡儀是他們提出來的，起初我對此相當冷淡。我知道，他們沒有其他的路可走，無論怎樣都是我的支持

者。」這或許不可以認為是葉利欽的傲慢，「兩條路線」鬥爭，寡頭們將無可選擇地站在葉利欽這邊，否則，他們倒真可能如索羅斯所言，「被掛在街燈柱上示眾」。

這次見面，是俄羅斯寡頭第一次集體在克里姆林宮亮相，各種媒體反覆追問各個當事人當時的細節，那個歷史現場基本可以被復原出來：

丘拜斯帶着 7 位寡頭進到葉利欽的餐室，他首先打開公文包，拿出一些文件交給葉利欽，很平靜地說：「形勢不容樂觀，你的支持率只有 3%。」葉利欽瞥了一眼文件，將它們扔到一邊，憤憤地告訴丘拜斯，「那些都是垃圾。」丘拜斯沉默不語，僵持了很久，古辛斯基開口了，「鮑里斯（葉利欽），我想這是真的，你周圍的人都在欺騙你。」葉利欽轉向古辛斯基，緊緊地盯着他，一副極其厭惡的神態。「但你知道我的人告訴我什麼了嗎？」葉利欽問。「鮑里斯，你為什麼如此糊塗，就是因為你相信了他們的話，所以你才會行事愚蠢。」古辛斯基並不膽怯。又是一陣令人窒息的沉默，接着，葉利欽隨手抄起一個大盤子砸向古辛斯基……

這次見面竟是如此生硬。葉利欽自己也記錄說：「如此強硬的談話，我當然沒有料到。」

葉利欽還記錄道：「他們建議競選班子使用他們的所有資源——信息方面的、地方上的、財力的，而最主要是人力資源。」此次會見的結果是，成立一個由葉利欽自己做主席，寡頭們提供財政支持，丘拜斯具體負責的分析中心。這個中心成了與索斯科韋茨並列的 2 號競選總部。葉利欽的小女兒塔季揚娜·佳琴科（Tatyana Dyachenko）加入分析中心。

3% 的支持率，這是現實。葉利欽的衛隊長科爾扎科夫提出了自己的「競選操作法」：取消共產黨、選舉延期……他勸說葉利欽：「以 3 個百分點的支持率去拼，這毫無意義。」科爾扎科夫的建議，一如對弈的雙方，眼見自己即使輸掉比賽，就決心用手抹掉棋盤上的所有棋子，並且宣佈自己贏了。這是一個瘋狂的想法，可是，葉利欽居然被說服了。

在《午夜筆記》裡，葉利欽記錄了這個過程：

沒有必要隱瞞，我向來喜歡簡單、有效的決定。我總覺得，快刀斬亂麻比長年累月拖拖沓沓解決難題更為容易。我下定決心，對班子裡的人說：「準備起草文件……」繁雜的法律工作開始了，我們起草了一系列命令，其中包括禁止共產黨活動、解散杜馬、將總統選舉延期舉行等

等。採取這些措施是因為大家認為局限於現行憲法的條條框框，我沒有能夠解決危機。我確切、簡潔地對自己做了這樣的說明：我是用超越憲法規定這個品質問題上的沉重損失作為代價，來完成還在行使總統職權初期給自己提出的一項主要任務。

「兩條路線」的鬥爭確實激烈。為什麼葉利欽會想出解散杜馬、取消共產黨呢？

在這個建議提出之前，俄羅斯國家杜馬投票，以 250 對 98 票，通過決議取消 1991 年別洛韋日密林協議——正是這個由俄羅斯、烏克蘭、白俄羅斯三國簽署的協議促成蘇聯解體。這是葉利欽政治生命中，最為驚人的一次選擇。以俄共為國家杜馬多數的這次決議，實則為一個政治宣言。但這個決議，成了科爾扎科夫解散國家杜馬完美的藉口。

在有總理、副總理、強力部門的領導人參加的會議上，葉利欽提出了自己的解散國家杜馬的意見。只有內務部長激烈地反對這個決定：「打仗？這可是國內戰爭！」

「剩下獨自一人，我做了全面的考慮：必須馬上，在一晝夜內決定。這種事情不能拖延，否則就會走漏風聲。我又感到內心發寒：我必須獨自採取決定，獨自為此負責。」——這就是當時的葉利欽的狀況。別列佐夫斯基還有古辛斯基也得到了克里姆林宮裡的消息，他們決定公佈它，「阻止它的最好辦法就是公開它」。葉利欽的小女兒，還有丘拜斯做最後一博，去了克里姆林宮，他們的反對更為激烈。「最終，我還是撤消了幾乎已經做出的決定。至今我仍然感謝命運，感謝丘拜斯和塔尼婭，因為在這個時刻響起了另外一種聲音；而我，一個擁有巨大權力的人，對我信任者深感慚愧……」最後時刻，解散中止，沒有選擇抹掉棋盤上的棋子。

葉利欽終於真正地走向了總統競選的競技場。他確立的競選戰略：鮑里斯·葉利欽是總統候選人之一，並不就是總統。

科爾扎科夫當然不滿意自己的計劃落空，他並不相信葉利欽可以競選成功。他略用小計，逮住了第 2 號競選總部盜竊競選經費的人員。這在一天夜裡，所有寡頭們都可能因此事件而被科爾扎科夫收拾——想想他曾經對待古辛斯基的辦法，葉利欽的女兒跟寡頭們呆在一起，決定捨命相陪。正因為在夜裡，誰也不敢叫醒在睡覺的葉利欽，這才是僵局的關鍵。第二天葉利欽醒了，知道了此事，立即簽署命令，解除科爾扎科夫的總統衛隊長之職。這個解職，促使科爾扎科夫寫出了他的「總統秘聞」，那種種「宮廷」傳奇，得以傳播。

別列佐夫斯基、古辛斯基的電視台把全部的賭注全押給了葉利欽，而另外兩家國有電視台，歸克里姆林宮管，這使第一輪大選前5週內，葉利欽在一些主要新聞節目中露面的次數是他的對手的3倍。第一輪結果出來了，葉利欽得票率為35.28%，領先久加諾夫的32.03%，但雙方都沒有超過50%，需要進入第二輪再決高低。

在第二輪投票前兩週，葉利欽再次病倒，「突然，一種非常奇怪的感覺，彷彿有人從腋下將我架起，拖走。一個高大、強壯的人。那時還沒有覺得疼痛，就是這種恍如隔世的驚恐。有一種接觸到另外一個世界、接觸到與我們全然不知的另一種現實的感覺。……我在心裡想道：上帝，為什麼我竟然如此不走運！已經是第二輪了，剩下的日子屈指可數！」

麻煩的是，在第二輪投票前，他還必須完成一個對全國的預選的電視演講。而以第一輪投票時的經驗，如果民眾得知他生病的消息，他將失去支持。在奧斯隆就是這種情況，選票的數目表明，票數每天下滑0.5到1個百分點。這個時候，其實他講話都很困難。

錄像帶拿回電視台了，「視頻專家對帶子進行了令人驚異的改造。為了使它聽起來很好，我們做了艱苦的工作」，後來主持其事者告訴美國記者，「最後的結果，那段視頻給觀眾的印象就是，葉利欽的聲音聽起來僵硬而不均勻。但對廣大民眾來說，這並不會表明葉利欽剛剛犯了心臟病。」電視台的修飾工作一直持續到投票當天，葉利欽的投票畫面也是經過編輯的，他身旁的兩個穿白大褂的醫生被刪除了。不讓民眾知道葉利欽的病情——這是寡頭們送給葉利欽的禮物與支持。而完成這一切工作的，是那家在車臣戰爭中崛起的，後來還經常以葉利欽為丑角的古辛斯基的獨立電視台。幾年後，古辛斯基回顧這段經歷，他說：「我們實在與總統走的太近，陷的太深。這是不正確的。」

第二輪投票結束，葉利欽以53.82%的選票獲勝，久加諾夫得到了40.31%的選票。

公正而言，這次選舉意味着，國有化以及計劃經濟、私有制和市場經濟——往回走與繼續向前進，都是可能被民眾選擇的路向。這段時間正在俄羅斯做駐站記者的戴維·霍夫曼描述他對這個國家的選舉的觀感：

葉利欽雖然建立起他所深信不疑的資本主義社會的框架，但4年時間裡，他沒能為俄羅斯商場裡的空架子增添足夠的貨物。因為我個人經歷了這段日子，所以

我能理解葉利欽贏得選票的原因。雖然俄羅斯人民適應了新生活方式，特別是經濟方式，但成千上萬的工薪階層和老年人並不喜歡這樣的生活，他們仍是久加諾夫的擁護者。

選舉背後的「路線鬥爭」沒有重回計劃經濟舊路，深度參與選舉的寡頭們，在拯救了葉利欽的同時，也拯救了自己。只是，這一勝利使寡頭們對自己的權力與能力有了新的認識。別列佐夫斯基提出了他「著名」的觀點：「權力聽命於財富」——「有兩種類型的權力，一種是意識形態的權力，一種是資本形態的權力。不過現在意識形態的權力已經不存在了，新的權力就是資本。如果什麼對資本很有利，那毫無疑問，它對國家也是有利的。」隨後，別列佐夫斯基獲得了真正的權力，他被任命為國家安全委員會成員。

「兩條路線」的鬥爭，經此總統選舉，似乎告一階段，再回到計劃經濟時代已不太可能。久加諾夫此後也曾再次參加總統競選，但沒有像這次選舉一樣，如此接近勝利。稍後，葉利欽敏銳地發現了新的挑戰：「問題的另一面在於，在大選期間，金融資本變成了政治資本。銀行家們開始試圖公然地、直接地對政權機構施加影響，在政治家的背後操縱國家。我們才剛剛擺脫叛亂的威脅、『左

派』的復仇，我們才剛剛建立起公民社會的正常制度，可突然間又出現了新的、危險的挑戰。」顯然，「路線」鬥爭那條綱領性脈絡，雖然並未消失，但自此逐漸讓位於資本與權力的博弈。葉利欽還有勝算的機會嗎？

普京的工作

大選結束，普京來到莫斯科尋找新的工作。但是，第一個機會失去了——可能出任政府主管的亞格羅夫被解職，曾經說妥了的那個副手的職位，取消了。

普京後來告訴媒體：「情況確實不妙，我有家庭，你們知道，局面必須扭轉，無論通過什麼辦法。」可是，莫斯科的工作並不那麼容易獲得。

接替亞格羅夫位置的是丘拜斯，也是聖彼得堡出來的官員。在普京進入索布恰克的列寧格勒蘇維埃班子之前，丘拜斯是列寧格勒蘇維埃第一副主席，他們曾有極其短暫的共事經歷。隨後，丘拜斯就到了莫斯科，開始設計俄羅斯經濟轉軌方略。在朋友的幫助下，普京再次去到莫斯科，硬着頭皮去找丘拜斯，希望獲得一份工作。此時，丘拜斯手裡工作的機會挺多，他給了普京一個位置，負責公共聯絡局。一個無足輕重的位置。必須扭轉局面的普京說：「這份工作確實

不合我的口味。但我又能做什麼呢？如果非讓我和公眾接觸，那我只好這樣。」

普京終於找到工作，他要飛回去，把家搬來莫斯科。在去機場的路上，他的朋友告訴他：「鮑爾薩科夫（Alexey Bolshakov）升為第一副總理了，我們打個電話祝賀一下！」鮑爾薩科夫同樣出自聖彼得堡，也如丘拜斯一樣，是列寧格勒蘇維埃的副主席。但是，索布恰克不喜歡他，讓他走了。他曾經歷的境況跟此時的普京相似，普京說：「他險些流浪街頭，做了幾份工作……他因公來聖彼得堡時，我從來沒有讓他在接待室裡等候，總是放下手頭的工作，親自去見他。或許他還記得我。」鮑爾薩科夫當然記得普京，他讓普京別走，放棄這班飛機，他來想辦法。

商人需要關係，權力場上的人，當然也需要關係資源。在鮑爾薩科夫的直接幫助下，普京獲得了總統事務管理局副局長的位置，負責法律處和俄羅斯境外財產。1996 年 8 月，他終於進入了莫斯科老廣場政府辦公樓，開始他的新工作。

看上去，曾經在同一時空裡平行運行的別列佐夫斯基、古辛斯基以及普京的生活軌跡，有了交叉的可能。只是，這時才好不容易找到莫斯科工作的普京，與這些可以「拯救總統」的寡頭們，距離相差實在太大。

莫斯科之於普京一家，「不是去不去莫斯科的問題，我知道非去不可，」普京的妻子柳德米拉後來告訴媒體：「我們必須承認聖彼得堡屬於外省，至少在政治上是這樣的。」

尋找接班人

總統競選，葉利欽是勝出了，但他的身體依舊是問題。1996 年 8 月 9 日，葉利欽宣誓就職，「大會堂的舞台，鮮紅的，碧綠的，天藍的……那兒還有什麼顏色？儘管到處開着空調，我仍然感到憋悶，眼睛感到刺痛。緊張到這種程度，這是我平生從來有過的事情。儘管醫生作了種種努力，還給我注射過止痛劑，可恰恰就在這個極其重要的時刻，我還是感覺自己非常不適。我看得出來，授予我權力象徵—— 總統勳章和鮮花——的聯邦委員會主席葉戈爾·斯特羅耶夫（Yegor Stroyev）、站在舞台一邊的大牧首阿列克西二世（Alexy II）和大廳裡所有的人都為我擔心……」

剛剛宣誓就職結束，葉利欽就必須接受這樣的醫療診斷：心臟手術。

手術日期決定在這年的 11 月 5 日，在進手術室前，所有的人，醫生、護士還

有親人都很緊張，葉利欽想到了一個放鬆的辦法，他問會診小組的組長：「您把手術刀帶在身上了嗎？」6個小時的心臟搭橋手術很成功。1997年新年到了，葉利欽可以正常開始工作了。可是，1月7日，他再次住進醫院，肺炎。

索羅斯目睹別列佐夫斯基以及俄羅斯寡頭們完成了他們不可能完成的任務：拯救總統。但此次成功，並沒有讓索羅斯失去他的冷靜。俄羅斯大選結束兩年後，索羅斯對別列佐夫斯基做出了一個被廣泛引用的判斷：沒有任何辦法能使他們從強盜貴族轉變為合法的資本家。這是索羅斯在力勸別列佐夫斯基放棄一次殘酷的商業衝突未遂後，做出的判斷。

沒法轉變成合法的資本家，別列佐夫斯基下一步的人生目標是什麼呢？——「國王製造者」！這一如他的邏輯「權力聽命於財富」，他和寡頭朋友們，希望來決定未來的俄羅斯總統是誰。更令人驚訝的是，於他而言，這並不僅僅是暗中操縱，他需要將它變成人人都知道的事實。

1998年春天，葉利欽決定換掉跟隨他最長時間、做了6年政府總理的切爾諾梅爾金（Viktor Chernomyrdin），「2000年我退休以後，他將無力控制國家，為此需要一個更強、更年輕的人。

這個想法是主要的。」這年3月21日，週六，葉利欽找來他的兩個助手，其中一個是尤馬舍夫——就是他把別列佐夫斯基介紹給克里姆林宮的。葉利欽告訴他們自己的決定，讓他們起草撤消切爾諾梅爾金職務的文件。但是，這兩位助手都請求葉利欽將這個決定的宣佈時間推遲到週一，理由是：週六全國人民都在休息，造成一種危機的氣氛不合適。葉利欽的習慣是絕不拖延實施已經做出的決定，但這次卻是例外，他同意週一宣佈；但他保留了另外一個消息，他沒有告訴兩位助手，誰來接替這個位置。「知道戰略性重大消息者達到兩個人，已經嫌多，三個人則太多了」。

這個短暫的延宕，使別列佐夫斯基有機會高調地登上「政治舞台」。

這天晚上，別列佐夫斯基在自己的鄉村別墅接受獨立電視最受歡迎的一檔談話節目《綜述》的訪問，他說自己正在專注於2000年的競選準備工作，來確保政權的連續性。隨後，他一一點評了未來總統的主要候選人，尤其他說到總理切爾諾梅爾金，「我高度懷疑他是否能被選中為接班人」；誰可能是接班人呢？別列佐夫斯基說會是一位新人，但他沒說是誰。

節目播出後的第二天，週一，葉利欽宣

佈撤掉切爾諾梅爾金總理之職。別列佐夫斯基甚至不是總統的代言人，他比總統更早發佈消息，儼然是這一事件的決定人，總統之上的人物。

別列佐夫斯基、葉利欽的小女兒塔季揚娜‧佳琴科，以及總統首席顧問尤馬舍夫——這個三人因為大選而組成的小團體，經此事件，被媒體定義為葉利欽「家族」利益的代表，在相當的時間裡，大家認為：他們控制了克里姆林宮以及葉利欽。別列佐夫斯基從不否認這一猜測，還反覆用行動證明「家族」集團的存在，而且，他還將其定義成：這是一個可以抗衡並決定總統的集團。對別列佐夫斯基而言，這不是他的妄想，是他的夢想。

葉利欽提名的新總理是 35 歲的基里延科（Sergei Kiriyenko）。按法律規定，總統提名的總理，需經過國家杜馬同意通過，才能任命。基里延科不是別列佐夫斯基中意的人，他和其他寡頭操縱的媒體狂風暴雨般詆毀基里延科，結果國家杜馬前兩次都未能通過。只剩下第三次表決了，如果杜馬還不通過，要麼總統取消這次任命，要麼總統解散國家杜馬。事情又鬧到極端衝突的地步。

別列佐夫斯基近乎瘋狂的抵抗，讓過去許多熟悉他的政治人士都覺不可思議。設計出俄羅斯經濟轉型制度，並最終由

這個制度製造出寡頭的蓋達爾描述說：「別列佐夫斯基的生意本質就是政治和陰謀，這才是他所玩的遊戲，他認為他有這個權力去統治這個國家。他講得很坦率，他說政府太脆弱了，需要有個人做點什麼，他們（寡頭）是很強大而精明的人，他們能夠承擔這些。但我認為他過高地估計了自己。」

葉利欽當然很生氣，他直接給別列佐夫斯基打電話，嚴厲要求寡頭們停止對基里延科的攻擊。稍後在一次典禮儀式上，氣極的葉利欽又一次大聲說：他已經考慮很久，如果別列佐夫斯基還不停止他的陰謀，他會讓巨頭們永遠地離開俄羅斯去做商務考察。基里延科在國家杜馬第三次投票中通過了任命。而別列佐夫斯基也被任命為獨聯體國家執行秘書長。但這個任命能夠讓他遠離克里姆林宮，遠離政治嗎？

一如國家杜馬通過的艱難，基里延科的總理經歷不順，甫一上任就遭遇 1998 年的全球性的金融危機，對俄羅斯國內，最大的挑戰是兩個，一是債務，一是盧布匯率。結果這兩項他都失守。在任職 5 個月後，1998 年 8 月，他被解除總理職務。此次金融危機，影響甚深，幾個寡頭也在此次危機中銀行倒閉，將財富丟失，失去富人俱樂部的資格。

誰來接替基里延科呢？葉利欽記錄說：「新聞界開始積極地製造輿論：切爾諾梅爾金是唯一可行的人選，從共產黨到生意人——大家都支持他。」輿論背後是否有別列佐夫斯基的影子？葉利欽找來尤馬舍夫和獨立電視台的台長討論人選，尤馬舍夫贊成切爾諾梅爾金，「如果杜馬一下子批准任命他為總理，這種可能性是存在的，那他就完全會以全民族的領袖、拯救者自居，以解除危機的總理自居，想用什麼頭銜都可以。這樣人民對他就會更信任。」葉利欽在記錄完這一說法後，也記錄了自己的判斷：「我非常清楚尤馬舍夫的意思。切爾諾格爾金離開白宮之後（他說：沒有我，那兒的情況多麼糟糕）又凱旋歸來，他會作為受到不公正待遇的受委屈者深受人們愛戴。從這個意義上講，我在道德方面所受的損失便成了切爾諾梅爾金的資本，就是這樣……」

一般認為，別列佐夫斯基深度地介入了此事。他一方面通過媒體製造輿論，另方面通過尤馬舍夫直接提供意見。他的想法正如葉利欽所言，葉利欽的損失是切爾諾梅爾金的資本——如此格局，當然有助切爾諾梅爾金成為下屆總統。

雖則如此，葉利欽還是同意任命切爾諾梅爾金為總理。因為俄羅斯國內局勢實在過於混亂，必須穩定格局。他在與政府強力部門領導人商討後，發佈了自己的任命。這次商討，普京作為聯邦安全局局長的身份，第一次參與。他有機會真正接觸權力中樞了。

權力中人，比如葉利欽，當然絕對聰明。別列佐夫斯基的心思他豈能不知，而這個想法，國家杜馬多數黨的領導人久加諾夫又豈能不知。這是互相制衡的力量。國家杜馬拒絕通過對切爾諾梅爾金的任命。而且久加諾夫直接在電視上做了轟動一時的聲明：他們將不會參加定於週一舉行的是否贊同切爾諾梅爾金任總理的投票。切爾諾梅爾金又是兩次被杜馬拒絕，局勢再次將葉利欽逼到了牆角。他還選擇第三次投票嗎？

挑戰者

葉利欽對久加諾夫此舉的直接判斷是：他找到了自己的總統候選人——盧日科夫，莫斯科市市長。如果說別列佐夫斯基希望製造下一屆總統，那麼，上次競選最有挑戰能力的久加諾夫不同樣會尋找自己的「總統」？

最後時刻，葉利欽放棄了強攻，也放棄了切爾諾梅爾金，他提名 69 歲的外交部長普里馬科夫出任總理。這一提名迅速被國家杜馬通過。葉利欽尋找自己接班人，尋找年輕的總理，剛剛開始，卻

普里馬科夫（左）和盧日科夫（右，攝於 1999 年）

不得不放棄，任命年齡更長的總理。這真是世事弄人。

葉利欽的猜測沒有錯，盧日科夫決定參與下一屆的俄羅斯總統選舉。他在出訪倫敦時，回答記者的提問：「如果我發現競選總統的人們不具備一個政治家所必需的觀點，以確保俄羅斯的穩定和進步，我可能會加入競選。」這個說法很官方，但很明確。在忙完總理選擇與任命這一系列衝突性事情之後，葉利欽又病到了，這次是氣管炎。針對葉利欽的這次生病，盧日科夫有一個極其生硬的指責：「一個小病是一回事，但如果一個人不能工作或者盡他的職責，那麼他應該有勇氣站出來承認。」葉利欽判斷，「盧日科夫意識到他應當利用時機！顯然，這幾乎是他利用合法手段掌握政權最後的、唯一的機會。」

問題是，葉利欽選擇的普里馬科夫，一個極有可能成為接班人的 69 歲老人，是盧日科夫的對手嗎？

普里馬科夫是莫斯科大學經濟學博士，在戈爾巴喬夫時代的最後歲月，他出任 KGB 第一副主席；進入俄羅斯之後，他任俄羅斯聯邦情報局局長；然後任外交部長。選擇他，當然是一個妥協的產物。葉利欽需要他來控制並穩定被金融危機衝擊的經濟、社會形勢。看起來，普里

馬科夫未負期待，葉利欽很高興地記錄說：「普里馬科夫使局勢變得很穩定，這種狀態在任何一位俄國總理那裡都未曾出現過。這種狀態的出現在客觀上具備了一切基礎：各種不同政治力量的支持——從總統辦公室到國家杜馬，以及普里馬科夫極高的信任率。」

有意思的是，葉利欽很快就發現了普里馬科夫身上的「蘇聯」痕跡。

普里馬科夫上任後，迅速向政府機構下達明確命令：對新聞媒體封鎖信息、盡量避免被採訪、同記者們的所有接觸都必須在嚴格的監控之下進行。葉利欽其實不太懂為什麼會這樣，「普里馬科夫是外交部出身，應當明白並習慣按照國際上媒體的通用標準來操作啊」。但一次例行的工作見面，他找到了答案。普里馬科夫拿出了他特殊的文件袋，葉利欽記錄：

在這個文件袋中收集了所有報紙上刊載的關於新內閣及其領導的報道，它們都被用彩筆仔細地勾劃出來了。說實話，看了這些東西之後，我都不敢相信自己的眼睛。普里馬科夫不僅看完了報道，還把它們都劃出並剪了下來。這有必要嗎？最主要的是他打算向誰抱怨記者們？向我？「普里馬科夫，對這種東西我早就習慣了……已經多少年了，他們每天都在寫我，您知道

他們用的是什麼樣的語調嗎？又能怎麼辦呢，把報紙封掉？」「不，可您讀一讀啊，鮑里斯，這是全盤詆毀我們的政策。」我和普里馬科夫就在這樣的一種氛圍裡討論了一個小時。

這是一個有意思的細節，民主政治對國民是挑戰，而對國家官員尤其是重要位置上的官員，才是更大的挑戰。看上去，普里馬科夫不是葉利欽中意的接班人選。

但是，普里馬科夫自己未必這麼想。1998 年穩定住俄羅斯局勢，1999 年 1 月，在國家杜馬批准對九萬多名囚犯實行大赦之後，普里馬科夫在總理辦公室的小會議室裡告訴寡頭們：「我們是為了那些將要入獄的人騰出空間，即那些被認為經濟犯罪的人。」幾天後，別列佐夫斯基在莫斯科的辦公室、西伯利亞石油公司總部和俄羅斯國家航空公司被戴着面具的人搶劫，劫匪要的不是錢財而是成箱的材料。別列佐夫斯基相信這是普里馬科夫針對他的反腐敗行動。寡頭與權力衝突，隨即展開。

寡頭們迅速反擊。最先受到攻擊的是普里馬科夫最主要的搭檔——俄羅斯總檢察長斯庫拉托夫，就是他對普京的政治引路人、聖彼得堡市長索布恰克進行調查的。記者秘密拍攝的一盤錄像帶送到了葉利欽的桌前，在這盤錄像帶裡，斯庫拉托夫與兩個妓女在尋歡。不幸的是，葉利欽剛看完不久，這一錄像竟然已經在電視台播放了。震怒的葉利欽要求斯庫拉托夫馬上辭職！

細讀俄羅斯這段歷史，如此匪夷所思的種種傳奇與衝突比比皆是，這裡有任何正當與正義可言嗎？民主政治的開端，其實是更殘酷的叢林時期，所以，它的結果也出乎意外。

斯庫拉托夫辭職了，隨後葉利欽也解除了普里馬科夫的總理職務。這是寡頭們的勝利，還是葉利欽的勝利？政治活動絕對出乎常人意料，這是普里馬科夫與斯庫拉托夫的勝利！媒體報道辭職後斯庫拉托夫的解釋，他說他是因為正在調查總統「家族」的犯罪事實時，被寡頭陷害，而不得不辭職。事實上，後來俄羅斯檢察院的調查表明：斯庫拉托夫有記錄在案的同妓女的接觸就不少於 7 次，而且每一次都是「朋友們」付費，這些人後來都因其他緣由而被提出刑事訴訟。但是，那個時刻，公眾並不在意這一切。反腐敗的普里馬科夫，在解職後，贏了比他在總理之位上更多的支持率。解職前他擁有 20% 左右的支持率，解職之後，這一數據上升到 30%。這使他迅速成為最具競爭力的總統候選人之一。

普里馬科夫與黃色醜聞下台的斯庫拉托

夫，竟然形成一股輿論熱潮。這時，我們容易忽略的是，他們背後的媒體的力量，古辛斯基以及他的媒體集團製造了這一切。只是，古辛斯基變得低調，不在台前出現。上一輪總統選舉為着自我拯救而聯手的別列佐夫斯基與古辛斯基，此次選舉，形成對立。輿論混戰開始。

或許更令葉利欽震驚的是，被解職的普里馬科夫投靠了盧日科夫，對手成為盟友。

在葉利欽任莫斯科第一書記時，他就任命了盧日科夫為莫斯科執行委員會第一副主席，1991 年，葉利欽再次任命他為莫斯科市長，他一直以強悍手段管理着這座俄羅斯最大城市。莫斯科之於俄羅斯價值有多大？以盧日科夫計劃參選總統這一時間計算：這座城市的稅收佔全國的 25 至 30%，而它的人口只佔全國的 6%，它擁有全國存款的 80%⋯⋯所以，有說服力的評價是，「問題不在於盧日科夫是如何獨特，而在於莫斯科在俄羅斯的獨特地位。」上一輪總統選舉，盧日科夫支持葉利欽，是葉利欽成功的重要保證之一；而此次，盧日科夫決定自己來領導這個國家。為此，他成立了自己領導的「祖國運動」黨，一般的預測認為，「祖國運動」將超過俄共，成為國家杜馬裡的第一大黨。而且，極高支持率的普里馬科夫也參加了他的陣

營；俄共久加諾夫也表示將支持他。

新的政治力量，不再是傳統「兩條路線」力量對比，而盧日科夫的出現，也使曾經團結一致的寡頭由此分化。很快，盧日科夫展開了他的「攻擊」。

盧日科夫的攻擊，當然也只有葉利欽記憶最清晰。他在《午夜筆記》裡記錄：

（1999 年）夏天的時候，他開始對我和我家庭的名譽進行詆毀，一系列故意炮製出來的文章出現在國內的報刊上，而後又出現在國外的報刊上，而這些報刊多年來一直是 KGB「信息傳播」的途徑。盧日科夫迅速做出正式聲明：要求（真正是在要求！）我提供無罪證據。他說，在沒有證據之前，他將相信這一切。我記得，當時我對此感到特別驚訝。他竟然一開始就判定我有罪！打擊接踵而來。獨立電視台在《綜述》這個節目裡出示了一張「總統家族示意圖」，屏幕上的這些照片不知為什麼讓我想起了寫有「警察正在搜尋他們」字樣的陳列架。在斯維爾德洛夫斯克時，我常見這樣的陳列架安在工廠裡，在公共汽車站，在電影院旁。那上面引人注目地印有酗酒者、竊賊、殺人犯和強姦犯的像片。如今，作為「警察」的獨立電視台正對我所謂「家族」——我、我女兒、沃洛申（Alexander Voloshin）、尤馬舍夫等等進行調查。針對這所有的人，包

括我在內，杜撰出了一切可能的罪名：在瑞士銀行裡的賬戶、在意大利和法國的別墅和宅邸、受賄、貪污⋯⋯獨立電視台的節目使我休克！

電視讓葉利欽休克的同時，久加諾夫領導的國家杜馬提出一項對葉利欽的彈劾案，只是最後沒有通過法律規定的 2/3。雖然如此，也大大羞辱了一下葉利欽。

這年夏天，葉利欽面對什麼樣的格局呢？他自己描述說：盧日科夫—普里馬科夫這對組合，在杜馬選舉中可以獲得絕對的優勢（況且普里馬科夫已經能同俄共達成很好的協議），因此在這之後所進行的總統選舉將失去任何意義。如果我的預言正確，而且在杜馬選舉中紅色和粉紅色（俄共和「祖國運動」）佔據了憲法所規定的絕對多數議席，那麼，他們不僅可以立即獲得最大的政治優勢，而且會具有完全合法的可能性，以 2/3 的多數票任意修改憲法！其中包括廢除國家的總統制度。也就是說，總統選舉對於他們已經完全沒有必要了⋯⋯

選擇普京

在解除普里馬科夫職務後，葉利欽選擇斯捷帕申出任總理，結果三個月後，他又將斯捷帕申解職。為何如此短暫？葉利欽甚至有個極其戲劇性的解釋：選擇斯捷帕申，就是為了讓人們不注意他將把普京推向前台。「政治必須經常出人意外」！1999 年 8 月 9 日，葉利欽任命普京為總理。這個時候，葉利欽的勢力已經衰弱到極限，國家杜馬甚至已經失去反對的興趣，迅速通過這一任命。

為什麼最後一張牌是普京？

1996 年 8 月，普京終於在莫斯科找到新工作；5 個月後，他有一個小的升遷，由總統事務管理局副局長之職位，升到總統辦公廳副主任兼監察局局長；之後升為總統辦公廳第一副主任；1998 年 7 月，出任聯邦安全總局局長；之後就是總理。這樣的升遷速度，不算慢。

就在他升遷監察局局長之時，他與葉利欽相遇。在自傳裡，葉利欽比較詳細地記錄了他對普京的發現過程：「在普京領導辦公廳監察局的時候，我就注意到他了，後來，他成了尤馬舍夫的首席助理（負責地區問題）。他是 1997 年 3 月來克里姆林宮的。有時普京會代理暫時離開的一把手的工作，那個時候我們的交往就會多一些。就清楚程度來說，普京的報告可以做範本。與其他助理不同，普京盡量避免同我『交往』，不願意陳述自己的構想，發表自己對世界和俄羅斯的看法；他彷彿故意剔除了我們

聯繫中所有的私人因素。正因如此，我很想和他談談！他的敏銳反應令我驚訝。我的一些很簡單的問題有時會讓人措手不及，讓人紅着臉、痛苦不堪地去尋找答案。普京卻能自然而平靜地回答，以至於我產生了一種感覺：對於我來講，還是年輕人的普京已經做好準備去迎接生活中可能遇到的一切，而且，對於任何挑戰他都能應付自如。一開始這甚至讓我有些警惕，可後來我明白了——我們需要的就是這種性格。」

就在監察局局長位置上，普京碰上了他必須「非法」解決的難題。

當時還是聯邦總檢察長的斯庫拉托夫對整治索布恰克非常興致濃厚，他找到葉利欽要求對「涉嫌大量侵吞國家資產」的索布恰克採取行動。事情朝着越來越不利索布恰克的方向發展。1997 年 10 月 3 日，索布恰克從聯合國教科文組織（他離開市長位置後的新工作）地區中心大樓出來，感到不舒服，準備去醫院。頭一天晚上，他在家裡已經被醫生檢查過，情況很不好，是血管梗塞前的症狀，醫生強烈建議他住院。就在他準備走向自己的汽車時，內務部的一個行動小組逮捕了他。但是，還沒來得及審訊，索布恰克就失去了知覺，調查人員不得不叫來急救車，把他送往急救中心。

這是誰也沒有料到的情況，消息迅速傳到克里姆林宮，在當天一次例行會面中，談話者涅姆佐夫突然告訴葉利欽，索布恰克心臟非常不舒服。「一切已經變得像是一場迫害。我記得，當時我沉默了許久，目光一直盯着某個地方。思緒沉重而痛苦。」葉利欽回憶當時：「我請他向斯庫拉托夫轉達我的話：『不能迫害一位病人。』」

麥德維傑夫在其所著《普京——克里姆林宮四年時光》裡記錄說：「普京在被任命為監察總局局長之後，葉利欽與他見過幾次面，總統詳細地詢問了索布恰克的情況，並且幾次表達了自己對這位前聖彼得堡市長的不滿。但普京卻沒有附和。」

顯然，普京在離開聖彼得堡之後，有機會更冷靜地思索當年索布恰克競選失敗的緣由，也會清楚總統與他周邊的官員對索布恰克的態度，以及原因。這時，他當然也知道索布恰克被捕和他心臟病發作的消息，但他並不知道葉利欽準備解脫索布恰克。他計劃獨自行動。11 月 7 日清晨 6 時，妻子叫醒了索布恰克。一切準備就緒。醫生過來把病歷和所有診斷治療資料全部收拾妥當，索布恰克被抬上擔架，上了急救車，直奔機場。一架芬蘭的醫用飛機已在等待，這架飛機是一位匿名捐助者花了 3 萬美元，從

一家芬蘭私人醫藥公司租來的⋯⋯索布恰克和他妻子順利飛抵巴黎。這個時候，他並沒有被解除不准離開聖彼得堡的禁令。這一切，都是普京獨自安排的。他沒有對他的「前政治導師」失去忠誠，甚至賭上了自己的事業。

葉利欽很快就知道了這一消息，看起來他沒有任何責難，普京也沒有遭受指責。在自傳裡，葉利欽說：「後來，在得知普京的舉動之後，我對他充滿了深深的尊敬和感激之情。」在《午夜筆記》裡，葉利欽沒有對其他任何年輕的政治家作出過這樣的評價：尊敬和感激。

在選擇聯邦安全總局局長時，葉利欽敘述：「聯邦安全局的偵查員們曾積極地調查過無中生有的『索布恰克案』。所有這些都是按照同一條政治路線來完成的。」這個時候，他想到了中意的人選：普京。在殘酷的政治生活裡，葉利欽在這裡表現出的是不多見的情感因素。

在與普京討論他來接任聯邦調查總局局長之位時，葉利欽建議他重新回到軍隊編制，拿到將軍頭銜。出乎意料，普京拒絕了，他說：「我 1991 年 8 月 20日就從特工機關退役（第二次辭職成功）。我是一名文職人員。強力部門由非軍人領導，這一點很重要。如果您同意，我將保留退役上校的頭銜。」

普京任聯邦安全總局局長之時，普里馬科夫出任總理。1999 年春天，普里馬科夫開始他的反腐敗行動，從政治的角度看，在自己任期還不足一年的時間裡進行這項反腐運動，是尋求政治資本，還是真實的反腐，權力中人都會非常清楚。但反腐行為本身已經足夠為普里馬科夫獲得民望，這又反過來促使眾多官員投靠他——也許他是下一位總統。其中總檢察長斯庫拉托夫就是其中一位。德國人拉爾在他的《弗拉基米爾·普京》裡也注意到這樣的事實，普里馬科夫當然希望普京與聯邦安全總局在他的掌控範圍裡，在那次針對別列佐夫斯基的材料「搶劫」事件裡，「普里馬科夫希望普京別拒絕效力，然而，普京卻斷然拒絕了總理的要求。按照普京的話說，他不想讓聯邦安全局牽涉到這種陰暗事件中，他害怕政治醜聞，因此建議普里馬科夫尋找私人性質的保安來完成他的計劃。」

這是權力遊戲中人都知道的事實。葉利欽甚至也很隱諱地記錄說：「總理老是想把聯邦安全局納入自己的影響範圍，然而，同總理的經常性衝突並沒有擾亂普京的心緒。普京沒有使自己在政治遊戲中被利用。在這一點上，他的道德準則是如此堅不可摧，甚至令我也感到有些驚詫。」簡單講，普京選擇「忠誠」於總統，這是職業上的要求，也是他個人的選擇。

雖然普京在工作上拒絕了普里馬科夫的請示，但當普里馬科夫被解職後第三天，國家安全會議秘書普京作為團長，帶領聯邦安全局和對外情報局的聯合代表團去看望了他。後來，普里馬科夫不止一次地回憶這次看望，因為事實上他離開安全局已經很長時間，他說這次看望他沒有料到，非常高興。公私關係，情感與職業，普京分得很清楚。

在葉利欽最後一本自傳《午夜筆記》裡，找不到太多對普京能力的描述。政治家考慮問題的關鍵部分，或許不是能力，而是其他因素，比如忠誠。葉利欽記錄說：「在決定解除普里馬科夫職務之後，我常常痛苦地思索這樣的問題：誰將會支持我？誰真正地站在我的身後？突然我醒悟過來了——這個人就是普京。」

葉利欽將自己選擇普京出任總理的決定告訴了斯捷帕申，斯捷帕申非常激動，要求暫緩幾天再做決定。克里姆林宮中人行動起來，丘拜斯先去找到普京，要求他自己拒絕這項任命，「這比晚些時候在周圍環境的壓力下拒絕要好」。普京沒有拒絕總理的位置，而是拒絕了丘拜斯的要求，他說：「對不起，這是總統的命令。我應該執行它。如果您在我的位子上也會這麼做的。」丘拜斯當然不會就這麼輕易罷手，他甚至表示，如果斯捷帕申留任，他樂意回來做總統辦公廳的主任。

葉利欽後來也知道了丘拜斯的活動，他評價說：「看來，他一刻也沒有懷疑過：我做出了一個錯誤的決定。」

不止丘拜斯這麼想，俄羅斯絕大多數媒體，無論是站在葉利欽一邊，還是反對他的，對葉利欽選擇普京作為自己的接班人共同的判斷：葉利欽瘋了！麥德維傑夫描述說：「幾乎所有的報紙都認為選擇普京擔任總統的建議，是老年葉利欽做出的最怪誕的政治決斷之一。」

《生意人報》請俄羅斯最有聲望的占星家繪製普京的占星圖：在普京的圖中，冥王星與降交點上合起來：太陽和土星合起來，還有天平星座裡強大的海王星。這表明：普京能夠適應任何職位，善於在複雜的形勢中達成妥協。他有發達的直覺，能夠在錯綜複雜的局面中得心應手地應用這些。普京是一個擁有極佳邏輯能力的知識分子，這一點能幫助他應付和控制住極為艱難的處境。他渴求權力。從占星術的角度看，葉利欽和普京這輛兩輪馬車是不穩定和複雜的，雖然葉利欽很喜歡普京身上所表現的積極而強硬的方式。葉利欽任命普京為總理是處於月食和日食之間，這意味着總統與這一任命有關的計劃將最終無法完成，在 10 至 12 月之間，新任命的總理將經歷一次危機，可能會下台。而下年 1 至 2 月將是普京被換掉的第二次噩夢。甚

至連古老的占星圖都不看好普京。

在這種廣泛的蔑視氣氛下，國家杜馬討論確認新總理的會議變得有趣。在發言中，久加諾夫同意以新總理取代斯捷帕申，但卻故意裝作忘記了普京的名字，以示輕蔑之情；而格里高利·亞夫林斯基（Grigory Yavlinsky）在發言中則故意講錯普京的名字和父名，叫他謝爾蓋·弗拉基連諾維奇·普京。總理任職資格就在這種搞怪與搞笑的環境裡迅速通過了。輪到普京上台發表講話，他感謝了所有杜馬議員對自己的信任，並對「格里高利·阿列克謝耶維奇·久加諾夫」（這裡他用亞夫林斯的名字和父稱以及久加諾夫的姓）表示特別的謝意。

普京有反擊能力，而且迅速。

車臣戰爭

在葉利欽任命普京為政府總理兩天前，車臣數千武裝分子穿過邊境，潛入達吉斯坦（Dagestan）西南部博特利赫（Botlikh），與當地伊斯蘭極端勢力一道控制了兩個村莊。隨後他們宣佈成立獨立於俄羅斯聯邦的「達吉斯坦穆斯林國家」。

這不像國家杜馬通過普京總理任命時的輕蔑那麼簡單，而是對俄羅斯整個國家的挑戰。

總理普京必須面對。他將如何面對呢？隨即，普京以總理的身份邀請所有的前總理，切爾諾梅爾金、基里延科、普里馬科夫和斯捷帕申討論車臣問題，這時達吉斯坦的戰鬥正在激烈地進行。幾位副總理的態度一致：將軍事行動的戰場轉移至車臣境內是不現實的。簡而言之，他們堅持採取「和平」的解決之道。國家軍事領導層的意見與此相反，但這些將軍裡也存在着意見分歧。最終的決定必須由普京獨自做出。

此次戰爭的特別性是，車臣武裝分子不只是對鄰邦的佔領，他們把戰場擴展到全國，在莫斯科和伏爾加頓斯克（Volgodonsk）先後製造爆炸事件，幾百名平民在睡夢中慘死。如此恐怖行為，引發的俄羅斯恐慌是未曾有的——之前，媒體在對俄羅斯民眾恐慌的調查裡，名列前列的分別是親人生病、犯罪活動、貧困和濫用職權；但爆炸事件發生後，所有曾經的恐慌都讓位於一個新的因素：車臣恐怖主義。車臣問題，是決定俄羅斯歷史走向一個綱領性脈絡。此際，它由隱而顯，對這個國家尤其是民眾形成了空前的影響，而且逆轉了之前的所有「和平」性選擇。

這是歷史自身的邏輯，但在歷史轉折的

車臣戰爭中，車臣武裝分子與俄羅斯軍隊駁火。

當口，它並不是清晰的。

車臣，這個正在被打開的第三個「俄羅斯套娃」，無論對前蘇聯，還是對俄羅斯，都是一種由歷史形成的國家隱痛。

第二次世界大戰打到 1941 年，德軍進逼到高加索地區的車臣—印古什自治共和國，德軍採取了一個分化瓦解戰略：向這一地區空降破壞小分隊，利用山民對蘇維埃政權的不滿，煽動他們起來造反，建立獨立的共和國，為德軍的進攻提供方便。大約有 5,000 名志願者加入了反蘇的德軍行列。隨後，蘇軍控制了高加索地區，1944 年，斯大林決定懲罰車臣，蘇聯國防委員會決定將車臣人全部遷出這一地區—— 這些被強迫遷徙的車臣人，冠以「特別移民流刑犯」。這種懲罰，堅持的是「不漏掉一人」的原則，無論是地方領導還是宗教人士，甚至連尚在前線作戰的車臣籍士兵也被列入特殊移民名單，無一例外，全部遷走。車臣人背井離鄉，去到遙遠的哈薩克和吉爾吉斯兩個共和國。戰爭期間，遷移屬於正常選擇，但像車臣這樣的懲罰性遷移，是唯一的。而遷移最主要的代價就是死亡，有統計表明：二戰期間蘇聯遷移民眾的死亡率是 23.7%。

遷移 13 年後，1957 年，赫魯曉夫執政，他認為對整個民族的懲罰是不能令人接受的，決心改正，允許被遷移到他鄉的車臣人返回故鄉。但是，車臣這一地區經過 13 年的變遷，已經有了其他民族的人居住，回遷的車臣人難以適應完全發生改變的故鄉，衝突由此種下，延綿至今。這是一個難以解開的結。戈爾巴喬夫時代，車臣獨立成為當地核心訴求。

在這種歷史背景下的第一次車臣戰爭，在道義上，俄羅斯人很難拒絕車臣人的獨立要求。這是歷史自身的邏輯，古辛斯基以及他的獨立電視台反戰訴求，之所以得到廣泛響應，正是因為他們站在了歷史邏輯那一邊。

葉利欽當時的政策選擇是走「和平」談判之途，何況當時正臨總統大選，他選擇有限。但是，葉利欽的車臣全權代表卻將「和平」之策推向了失衡的邊緣——他與車臣方面簽訂的結束戰爭協議，決定將車臣與俄羅斯聯邦地位問題推遲到 2001 年 12 月 31 日進行全民公決，另外俄軍全部撤出車臣。這種妥協，在相當意義上，葉利欽說：「其實質，俄國承認了自我宣告獨立的車臣共和國的合法性。俄國放棄了自身原先的任務，控制車臣領土，恢復俄國法制，解除非法武裝。」俄羅斯反彈的力量由此隱含。

細研第一次車臣戰爭眾多史料，就戰爭而言，車臣武裝力量如何可能是俄軍的

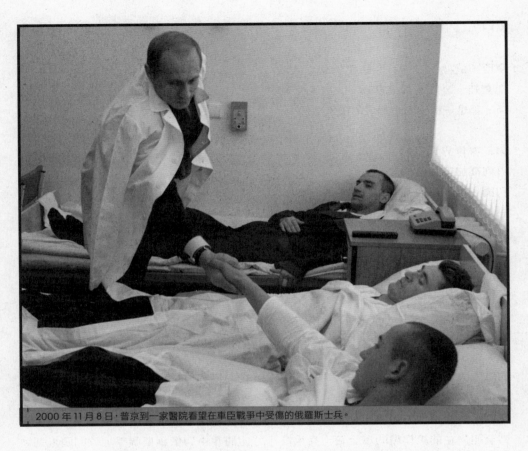

2000 年 11 月 8 日，普京到一家醫院看望在車臣戰爭中受傷的俄羅斯士兵。

對手？但是車臣方面發明了另種戰爭方式：恐怖手段。當俄軍即將徹底消滅車臣武裝力量之際，一支車臣小分隊長途奔襲布瓊諾夫斯克，佔領這座城市的一家醫院，控制人質一千二百多人。車臣方面要求：如果車臣士兵被殺 1 人，他就要殺害 10 個人質償命。並且以此要求停止對車臣的攻擊。俄羅斯政府屈服了，近在眼前的消滅車臣武裝力量的勝利，拱手相送。此舉，車臣方面開創了

一種新式戰爭策略，而這之後發生在美國的 911 事件，也是這一戰術的國際版。

葉利欽在是否參加 1996 年總統大選時所寫下的感歎：「而人民……人民既不能原諒『休克療法』，也不能原諒在布瓊諾夫斯克和格羅茲尼（車臣首府）的恥辱。似乎已經輸得精光。」—— 他深感屈辱的就是車臣戰爭以及戰爭中的恐

怖主義迫使俄羅斯讓步。

1999 年，車臣武裝力量再次大規模地使用這種恐怖手段，製造爆炸事件……

回到普京的歷史現場，他將作出怎樣的獨自的決定呢？出人意料，普京選擇的戰略不是攻擊，而是最強硬的攻擊：對盤踞在北高加索地區的武裝力量，軍方決定不採取簡單的驅逐戰術，而是要將他們全部殲滅！葉利欽同意了這一戰略。

這是一個極大的賭注。普京無比強悍，他甚至用與他國家領導人身份不符的粗魯語言表示：「即使匪徒躲進抽水馬桶，我們也要將他們衝進下水道。」葉利欽論述他認定的接班人，「應該用另一種方式去思維，不同於經歷了蘇聯瓦解和新俄羅斯政治危機的那一代政治家……他應當創造自己的文明。」從結果上看，普京選擇絕不妥協的戰爭，正在創造「自己的文明」，並由此深刻地改變了俄羅斯的歷史與政治。

回到歷史現場，普京會像我們這些歷史後置的敘述者一樣，看清楚結果是什麼嗎？

普京回憶那一時刻：「退回到 1990 至 1991 年，我清楚地知道——儘管聽起來很自負——人們對軍隊和特別部門的態度，尤其是蘇聯解體之後，已經威脅

國家利益。我們很快就要走上崩潰的邊緣。如今，關於高加索：今天的北高加索和車臣局勢怎麼樣？這是蘇聯崩潰的繼續。顯然，這種局面在某一程度上必須停止。是的，一段時間裡，我希望經濟的增長和民主機制的出現可以緩解這一過程。但時間和經驗表明：這是不會發生的。這就是 8 月份我對局勢的看法，當時叛匪正在攻打達吉斯坦，如果你不立刻制止，俄羅斯將不復存在。這是有關阻止國家崩潰的問題。」普京已下定決心阻止第三個俄羅斯套娃打開。

普京自己會認為這是一個大賭注嗎？他不這麼看，「我發現只能這麼做，寧可以犧牲自己的政治生涯為代價，這是不大的代價，我準備付出。」總理的位置，普京認為「代價不大」。

國家杜馬選舉、總統選舉以及盧日科夫—普里馬科夫組合、別列佐夫斯基與古辛斯基的權謀與操縱……那些令葉利欽，還有俄羅斯政治家頭痛的問題，似乎不在普京這位新總理考慮的範圍之內，他的目標只有一個：戰爭。而且是打贏的戰爭。

1999 年 12 月 31 日，在接受代總統任命的當天，普京與聯邦安全總局局長帶着各自的妻子去車臣度新年。他們計劃去車臣第二大城市古德爾米斯

（Gudermes），但直升機駕駛員不敢在這裡着陸，能見度太低，不超過一百米，完全無法降落。普京的妻子回憶：「在新年的前 20 分鐘，我們調轉方向又往回飛。半夜時我們打開直升機裡的香檳，我們沒有杯子，所以只好用瓶喝。大家一共只有兩瓶香檳。我們回來後，古德爾米斯的人以為我們無法趕到那裡。但是你還不瞭解普京。我毫不懷疑我們還要想辦法趕去。至於什麼時間或怎樣去倒不重要，但我們必須去。普京對我說：你留下吧，我們開車去。我說這怎麼行，誰想留下坐在那裡默默等待呢？我們擠進幾輛汽車，時間已經是下半夜 2 點，兩個半小時後，我們到達駐地。我睡了一路。你真應該看看我們到達時小伙子們眼睛裡流露出的驚訝。他們有些疲乏，看上去昏沉沉—— 好像非掐自己一把才能清醒：前去看望他們，與他們共度新年的真是普京。」

這個新年，普京的兩個女兒既沒有爸爸，也沒有媽媽陪着過新年，「我們知道他們會去外邊度新年，但不知道去哪裡」。當然，她們都收到了新年禮物，本來兩個女兒想要一台電腦，結果她們一人得到一台。普京的女兒告訴記者：「後來看電視才知道他們去了車臣。」

這次去車臣度新年的電視新聞，並沒有普京的形象。戰爭即將以勝利結束之際，也是俄羅斯總統大選的最後時刻，普京駕駛蘇—27 戰鬥機飛抵車臣首府，這才是他第一次以英雄形象，在全世界面前亮相。這也是梅德韋傑夫的主意。這次總統選舉，普京沒有參加任何選舉活動，也拒絕與競爭對手進行電視辯論，這個選舉彷彿跟他無關，他只有戰爭。結果，在選舉的第一輪，他就以 52.94% 的得票率當選俄羅斯總統。

普京邏輯

如何理解普京以戰爭，以這種不可思議的方式創造出的「自己的文明」？

比較那一時期的媒體報道，相對於俄羅斯媒體的各種極端的聲音，西方媒體相反倒展示了一種遠距離觀察的冷靜。美國《洛杉磯時報》（*Los Angeles Times*）曾刊載一篇名為「正在崩潰帝國的雜音」，文章將二十世紀末俄羅斯局勢與二十世紀初奧斯曼帝國做了比較，「不只車臣，整個北高加索這 8 年來都處於起義狀態，俄羅斯如果不設法改變這一局面，將導致自我毀滅。西方應當準備為俄羅斯送葬，而不是在手術之後等待它的康復和振興。」

車臣問題的後果意味着俄羅斯一如奧斯曼帝國一樣的崩潰，這是西方人的觀察，當然也是葉利欽與普京的判斷。問題是，

當這個國家轉向民主政治，國家選擇將以民意為基礎之時，國家邏輯如何形成民意，才是關鍵。很遺憾，此時的俄羅斯政治人物，還沒有意識到，也沒有能力完成這種轉化。很幸運，歷史有自身邏輯，它站在了普京這邊。

普京尤其是他的崛起的研究中，有兩個核心性議題，其一，他如何從服務KGB15年轉變為一位民主派人士服務？其二，他為何會以戰爭而贏得民意以及高支持率？

第二次車臣戰爭，以一種令人恐怖的方式開始。在車臣武裝力量攻克達吉斯坦西南部博特利赫之後，他們採取了一系列上次讓他們獲勝的恐怖主義手段：9月4日，在克里姆林宮圍牆對面，用爆破的方法炸毀了坐落在曼尼日納亞廣場上的兒童遊戲自動機大廳；與此同時，無線電控制的地雷又在達吉斯坦的一座城市五層樓裡爆炸，奪走了4個人的生命。9月9日，重型炸彈使得坐落在莫斯科地區東南方向的別恰特尼克一幢9層高的大樓震動，從一大堆廢墟下，扒出93具屍體。過了4天，還有一棟坐落在首都東北面的9層樓被爆毀，這次死亡118人……這一系列恐怖事件當然都是媒體的頭條新聞，恐慌迅速在莫斯科以及俄羅斯全國蔓延。車臣恐怖分子希望用這種方式來迫使俄羅斯政府屈服，但這一系列事件，所引發的民眾的恐慌，反而迅速形成共識性民意。

這不是任何政治家可以操縱的，是歷史自身的邏輯：恐慌既能渙散人心，也能凝聚民意形成鬥志。只是，凝聚民意需要一位強悍的領袖。理性的、對車臣民族遭遇的同情以及對他們獨立選擇的認同，此際由全社會的恐慌情緒所取代。這一時刻，曾經的歷史走向開始逆轉。

更全面地理解俄羅斯民意的變化，德國人阿列克塞德爾·拉爾提供了一種更大範圍裡的觀察——這年3月，科索沃戰爭（Kosovo War）爆發。中國駐南斯拉夫大使館，也就是在這次戰爭中被炸。

拉爾分析說：在科索沃發生的軍事行動，不僅毀壞了北約組織同盟在俄羅斯人的心目中的威信，也迫使他們對於作為國家制度形成的民主化的優越性產生懷疑……在戰爭影響下不由自主地經受著考驗的、苦難重重的，不合格的綜合體（俄羅斯）社會感覺到了西方現在沒有任何譴責俄羅斯暴力行動的道德標準了。俄羅斯的許多公民突然對於利用武力解決自己國內的領土問題不再感到討厭了。他們從根本上認識到，如果連文明的西方國家都不鄙棄暴力壓制，那麼，俄羅斯根據它真正存在的問題，也應該站在這條路上，這種觀點得到了相當廣

泛的傳播。

這一切都是當時普京所清楚思考的嗎？當然不是，這只是歷史發生之後，評論家復盤所尋找歷史邏輯裡民意基礎的來源。回到準備車臣戰爭前的那個時刻，俄羅斯作家羅伊・麥德維傑夫有個非常精彩的論述：「愛因斯坦在回答偉大發現是如何誕生的這一問題時，曾說過：非常簡單。所有人都知道，這個問題根本就沒有答案。但是，這時來了一個對此一無所知的人……」這個人叫普京。

普京的強硬，與他未必完全清楚的渴望國家強大、需要強悍領袖的民意結合了。戰爭一開始，他的支持率就迅速跳高，「俄羅斯開始喜歡上一位他們從前完全不瞭解的人」。那個根本不被任何人看好的普京，因為戰爭，翻盤了。

戰爭之後

國家杜馬選舉期間，媒體問普京他將支持什麼黨，他回答說支持「團結」，結果這個選舉前才成立的新的政治聯盟，竟然在選舉中成為國家杜馬第二大黨。曾經令葉利欽極端恐懼的盧日科夫—普里馬科夫組合，以及他們的「祖國—全俄羅斯」——杜馬選舉最大熱門，選舉中大衰，甚至排名在「團結」之後。其中原因很簡單，這個聯盟的領導人堅決反對對車臣進行軍事行動，直到杜馬選舉最後時刻，才小心翼翼支持普京戰爭政策，但選票已經流失。

戰爭改變了普京，也改變了俄羅斯。開始是被動的，後來，普京開始主動了。自此，所有的權謀邏輯都讓位於普京擁有的「歷史邏輯」——時勢給了他一個機會，可以離開由當權者與寡頭們製造的遊戲，他另闢戰場並贏得了可以回來改變規則的能力。

古辛斯基和他的傳媒集團當然一秉傳統，以反戰的姿態出現。他們開始面臨困局，在第一次車臣戰爭時候，俄羅斯軍方對信息的控制並不那麼嚴格。到了這次車臣戰爭，形勢大變，軍方開始嚴厲的控制，尤其是電視頻道，電視畫面上不再容易出現血淋淋的戰爭場面。取而代之的是軍方發言人宣讀官方聲明，而戰場上的消息被嚴格審查。這不是古辛斯基唯一的麻煩。為他開創第一次車臣戰爭報道模式，並使這種模式大受歡迎的搭檔，對如何報道這次戰爭，與古辛斯基發生分歧——畢竟這次戰爭在跟第一次戰爭完全不同的氛圍下開始的，莫斯科以及俄羅斯民眾處於恐懼之下，這深刻地影響了記者；而這位古辛斯基的搭檔既認同這種民眾情緒，也認可軍方，他說：「當你親眼看到了所有的東西，當國防部告訴了你實情，你實在

沒有必要再向其他任何人打聽其他消息了。」因為不能說服古辛斯基,這位搭檔辭職了。

普京的強硬不只對對壘的敵方,對媒體同樣強硬。

當然也有決然的記者。一位為美國資助的「自由之聲」工作的俄羅斯記者巴比特斯基(Andrei Babitsky),他獨自一個穿越戰場進到車臣,並在報道中詳細描述他是如何繞開俄羅斯方面的檢查站,而這個行程圖既有俄軍檢查站具體的位置,也有如何躲避俄軍的手段。他從車臣回來後,發出的報道非常具體地描述了車臣方面如何砍下俄羅斯被俘士兵的頭……俄羅斯警方逮捕了他,理由是他的「不愛國的」新聞報道。在接受調查時,巴比特斯基說:「我不相信你們,我相信車臣人。」正巧這時車臣武裝力量方面表示他們願意以釋放幾名俄羅斯士兵來交換被捕的記者,俄羅斯方面去詢問巴比特斯基樂不樂意被交換,他同意了。結果,巴比特斯基交換回5名俄羅斯士兵。後來,有人給自由之聲送來一盤錄像帶,錄像帶裡面的巴比特斯基面容蒼白,憔悴不堪,言語遲緩,說他想回家。這個新聞引發強烈關注。

戰爭期間,車臣方面綁架了若干記者,既有俄羅斯,也有西方的記者。但像巴比特斯基這樣被主動交換的記者,也只是享受到被綁架者的待遇。車臣方面的綁架行為,也讓眾多第一次戰爭時的戰場記者,不太敢重回戰場,巴比特斯基事件引發了廣泛對政府行為的質疑。

在《第一人:普京自述》裡,記者用極長的篇幅瞭解普京對巴比特斯基事件的看法。普京的解釋直接而硬朗:「我們的國家正處在相當複雜的時期。在第一次車臣戰爭中,俄羅斯的失敗很大程度上是由國內士氣造成的。這一點你們可能同意。俄羅斯人不明白,我們的戰士為什麼理想而戰。那些士兵獻出生命,回報卻是詛咒。他們是在為國家利益做出犧牲,卻被公開羞侮。幸運的是,這次不同了,巴比特斯基與他的同夥妄想扭轉這種形勢。他直接替敵人效力。他不是中立的信息來源。他為叛匪工作,他做的要比一挺機關鎗更危險。我們對言論自由有不同的解釋,如果你指的是直接參與犯罪,我們永遠不會同意言論自由。」如果巴比特斯基活着從車臣回來之後會怎樣?普京答:「他一出現,就要傳他接受調查。」

這是普京的開始,而不是結束。

《華盛頓郵報》駐俄羅斯記者戴維・霍夫曼在他所著的《寡頭》裡,對普京有一個有意思的描述:「在東德工作的5

年時間裡，普京錯過了莫斯科發生的極為重要的政治經濟上的巨變，他錯過了記者們認為照亮自由的光芒時期，他錯過了早期人民議會的代表選舉的政治經歷……也就是說，普京錯過了目睹民主社會的誕生。但他成為代總統時，他與古辛斯基建立的開放的、自由的媒體已經相距甚遠。普京是個封閉性的人，他覺得沒有必要向公眾解釋他自己。他告訴記者們說，他把他們看作是執行他的命令的人物，他對記者們並不十分信任。」從旁觀者的角度，這個評價或許準確。但在當事人的角度，即使這個民主俄羅斯開始的時期，普京卻有自己的看法：「從一開始，俄羅斯就是超集權的國家。其實這已經寫到俄羅斯的遺傳密碼裡，俄羅斯的傳統與俄羅斯人民的思維模式都有這種影響留下的烙印。」理解並分析普京，不可忽視他的經歷與他的認識。

隨後，普京也成為古辛斯基電視台「木偶」節目裡的丑角。普京被描繪成一個穿着蘇聯時期共青團先鋒隊制服的人。不過古辛斯基對車臣戰爭的報道，不再可能像之前那樣為他贏得巨大的聲響。戰爭報道既然不可能有所作為，古辛斯基與別列佐夫斯基自然選擇了政治——國家杜馬選舉以及總統選舉。古辛斯基支持盧日科夫，而別列佐夫斯基反對他。有記者竊聽了別列佐夫斯基與他控制的電視台主持人的電話，在這個電話裡，別列佐夫斯基在討論如何攻擊盧日科夫，這個錄音內容迅速被報道。但是，這沒有阻止別列佐夫斯基的攻勢。

可是，在國家處於戰爭的狀態下，而莫斯科又經常處於恐怖爆炸氛圍裡，這些權謀手段顯得多麼骯髒。只是，別列佐夫斯基不這樣看，他認為自己幫助普京搞垮了他最強勁的政治對手，所以在總統選舉投票前，他在一個記者早餐會上對媒體說，他與普京有着良好的個人關係，每天通一個電話。他又警告說：沒有寡頭們的支持，普京將不復存在。「就我個人而言，將不會有什麼改變。寡頭的作用將會上升。寡頭一詞僅僅是指俄羅斯的大資本家。而且大公司將在俄羅斯發揮越來越大的作用。」顯然，別列佐夫斯基沒有改變他「國王製造者」的自我形象。

戰爭結束了，帶着勝利以及高支持率的普京從戰場上回來了，開始了真正「自己的文明」的創立。

2000 年 5 月，古辛斯基出現麻煩。他在與中央銀行主席商討將自己的橋銀行賣給對方時，中央銀行主席接到總統辦公廳主任的電話，要求他不要進行這次交易。這位主席火氣很大，讓對方「下地獄」，然後就掛掉了電話。但是，10 分

鐘後，普京給他打來電話，告訴他，停止交易。這下，中央銀行主席只能服從。

稍後，一群帶着面具、全副武裝的稅務警察搜查了古辛斯基總部的材料……接着，總檢察長辦公室要求古辛斯基去接受問話，主要是去解釋稅務警察搜查時發現一隻裝飾精美的手槍——裡面有幾顆子彈，他要被質問子彈從何而來。古辛斯基沒有在意，也沒有帶律師，只帶了一名保鏢。而且，預定下午2點鐘接受查問，古辛斯基還遲到了，直到5點鐘才趕到。一小時後，他的律師收到了來自檢察長辦公室的一張通知：古辛斯基被捕。當晚，檢察人員聲稱古辛斯基被懷疑捲入一樁涉及原俄羅斯電視系統有關聖彼得堡電視公司的私有化一案。古辛斯基被送往布蒂爾監獄。

古辛斯基被捕！這成了超級大新聞。麥德維傑夫說：在這段時間裡大部分報紙和雜誌、通訊社和電視台為大家提供的不是普京出訪西班牙和德國的消息，不是車臣的炸彈和地雷爆炸的恐怖，也不是西伯利亞森林大火和莫斯科的買兇殺人案，而是古辛斯基如何度過自己在布蒂爾監獄的第一個夜晚和第一個白天，早、午、晚三餐吃的是什麼以及與他同一個囚室中的那兩個人是誰：一個「文質彬彬」的販運偽鈔犯，一個涉嫌經濟犯罪的商人。

看來寡頭對俄羅斯的影響遠遠超出我們可以想像與理解的範疇。

正在西班牙進行訪問的普京回答記者說：「對於這件事我一無所知，這是總檢察長獨立做出的決定。你們也應該明白，對我來說（逮捕古辛斯基）是件令人生疑的禮物。」俄羅斯媒體當然不信這種說法。

回國後普京邀請著名的電視節目主持人多連科來克里姆林宮見面。多連科正是那位以骯髒方式攻擊盧日科夫的節目主持人，但在這件事上，他對普京猛烈抨擊。剛一見面，多連科就說：「你已經對這個國家每個人發出了一個非常重要的信息，包括所有的警察，所有聯邦安全局的人們。你告訴他們讓他們去逮捕記者、商人和猶太人。因為古辛斯基是一個與新聞記者聯繫密切的猶太人，你現在就可以發佈任何形式上的判斷和法律……」普京很平靜地回應了多連科的指責，他說：「以色列總統給我打電話，詢問我為什麼要攻擊古辛斯基。我告訴他，古辛斯基既沒有在以色列，也沒有在俄羅斯上過稅。」

入獄三天後，古辛斯基因欺詐罪而被起訴。一個月後，俄羅斯有關方面沒做任何解釋宣佈放棄對古辛斯基的所有起訴。之前，古辛斯基在兩位律師的見證

下，簽署一份免於刑事起訴的文件，文件上說他決定賣掉自己的生意，作為交換他不入獄以及允許出國的承諾。之後，古辛斯基離開俄羅斯。

與此同時，另一位寡頭波坦寧被要求補交由於抵押拍賣過程中因違反規則和條件而使國家遭受損失的 1.4 億美元；而弗里德曼的石油公司賬目被查⋯⋯當然不止這兩家。

針對寡頭的風波正在掀起，這時別列佐夫斯基似乎沒有什麼可擔心的。他告訴霍夫曼：他跟普京是朋友。為了證明這點，他說當年普里馬科夫在追查他的時候，普京站到他這一邊，冒險參加了他妻子的生日晚會。「這個時候，誰也不敢來」──別列佐夫斯基說他跟普京有超出政治朋友之間的忠實感情。別列佐夫斯基仍然在扮演他「國王製造者」的角色，這回是幫助一位前將軍獲得了一座城市市長的位置。

古辛斯基事件已經沸沸揚揚，寡頭們也被紛紛要求補交各種金額，別列佐夫斯基請求普京召開一次會議，普京回答說沒問題。結果別列佐夫斯基去到克里姆林宮，等待他的不是普京而是總統辦公廳主任。這位主任告訴他：「你要麼就在兩週之內放棄俄羅斯公眾電視台，要麼你的下場就跟古辛斯基一樣。」別列

佐夫斯基很生氣：「你不應該以這樣的方式對我講話。你別忘了，我不是古辛斯基。」別列佐夫斯基仍然要求這位總統辦公廳主任安排他與普京見面。

正在為「庫爾斯克」（Kursk）潛艇沉沒事件而苦惱的普京來了，這次潛艇事件讓普京倍受媒體攻擊。別列佐夫斯基一上來就為他的俄羅斯公眾電視台的報道辯護⋯⋯當別列佐夫斯基講完他不短的辯護之後，普京打開一個文件夾，用一種單調的語調開始宣讀：俄羅斯公眾電視台非常腐化，由一個人也就是別列佐夫斯基控制，他拿走了一切他能控制的錢⋯⋯這正是當年普里馬科夫調查別列佐夫斯基的文件。別列佐夫斯基明白了。

別列佐夫斯基將俄羅斯公眾電視台的股份轉讓給他石油公司的合夥人，然後離開了俄羅斯。

2001 年 1 月，普京邀請 21 位資本家到克里姆林宮座談。座談結束後，參與者告訴媒體，這次座談的主旨是：「我們離政治遠一點！」其中一位參與者告訴普京，請他不要相信存在所謂資本家反對總統的陰謀說法，普京回答說：「信我是不信的，不過我會對此予以關注。」許多報紙將克里姆林宮的「一月會談」定義為「前寡頭與總統」的對話。但有

資料顯示，政府和總統辦公廳的官員曾得到明確指示：嚴禁在公開聲明中使用「寡頭」一詞。

隊友

2000 年 5 月 7 日，普京的總統就職儀式。葉利欽將一具總統特別標誌授予普京——這是由葉利欽建議並在他監督下設計製作而成的，是一串連着 40 片鑲有珍貴寶石和金箔的笨重手鏈，金箔的背面鏽刻在位總統的名字。頭兩片金箔刻的是葉利欽的名字，在第三片上刻着普京的名字。

在二十世紀俄羅斯或蘇聯的歷史上，葉利欽是第一位主動辭職的國家首腦，其他領導人不是在崗位上辭世，就是被迫離位。當然，他也為俄羅斯的民主政治體制開創了另一種非正式制度：接班人制度。所以，兩位俄羅斯總統真正意義上的權力交接，不是總統就職儀式之時，而是 1999 年 12 月 31 日，葉利欽宣佈自己辭去總統一職之時。

那個交接儀式結束後，普京去了車臣，而葉利欽回到自己的別墅。在回家途中，美國總統克林頓打來電話，他為克里姆林宮的出人意料的變動而疑惑。不過，葉利欽並未與之通話，他請克林頓晚些時候打過來。這不合乎禮節，而且葉利欽之前也不會這樣做。但現在不同了，「我已經不是總統了」。已經不是總統的葉利欽這會要睡兩三個小時。

卸任的輕鬆，很短暫。在自傳裡，葉利欽足夠坦率地記錄他剛退休之時的生活：

1 月 10 日早晨，我醒得很早，像往常一樣，我來到自己的辦公室。通常這裡都堆放着小山一樣高的文件……這些文件會讓我血液裡的腎上腺素分泌增多。而現在，桌上空空如也。我走到桌旁，拿起操作台上的專線電話聽筒，卻沒有聽到電話正常工作的信號——已經被切斷了。在這間辦公室裡我完全無事可做。我在椅子上坐了一會，然後便走了出去。一整天我都沉浸在這種失落的情緒當中。那天晚上我終於決定弄個明白，為什麼會把電話的信號給切斷了。他們告訴我正在調整系統線路，第二天早晨就可以恢復正常。這是純粹的技術性暫停，只不過我一時沒明白過來。

在葉利欽即將過 69 歲生日前，他退休後首次決定前往克里姆林宮，並約定在那裡與總統聯合報道組的記者進行會晤。他走進普京的辦公室，「我可以坐一坐總統的圈椅嗎？」葉利欽問。在場的記者忍俊不禁。退休生活需要一段時間適應。《共青團真理報》記者直接問他：「還想念克里姆林宮嗎？」葉利欽真誠地回答道：「非常想念。退休後很

2005 年，俄羅斯另一位金融寡頭、尤科斯前總裁霍多爾科夫斯基出庭受審。

寂寞。但又能怎麼樣？現在我意識到自己的角色就是個參謀，善於提出忠告，不固執己見，不強求回答——這就是我眼下正在學習做的事情。學着隨意觀察，不再以總統的視點分析問題。」葉利欽的退休金為 11,000 盧布，外加少量津貼。

在被記者問到與葉利欽的關係時，普京說：「在葉利欽退休之前，我到他家去拜訪只是因為工作。此外，只是當他開始與我討論他退休的問題時，我才從他身上感到某種溫暖。他和我現在談話的次數要比他退休之前多。現在我們的關係不同了，我可以在電話裡跟他聊會天。」

在相當長的時間裡，克里姆林宮裡的政治人物，恐怕普京與葉利欽見面次數最多。他倆是鄰居，「一般我們一個月見面一兩次。沒有什麼秘密會見。」葉利欽在退休後首次接受記者採訪時，描述了他與普京的關係，「普京通常都是清晨上班之前到我家來，這樣對他方便一些。談話的原則是這樣：普京向我講述他國內外出行的情況，講述各種會晤和談判的結果。我認真傾聽，然後發表自己的意見和評價。」「您沒有對選中的人失望吧？」「沒有！我的期待完全實現了。」2002 年之前，他們基本保持這樣見面頻率，但之後，變得極少。

2003 年，普京決定逮捕尤科斯總裁，另一個寡頭霍多爾科夫斯基。總理與總統辦公廳主任都表示反對，葉利欽也接受採訪公開表示自己的「不安」，但逮捕仍然完成。後來總統辦公廳主任、葉利欽時代的舊人沃洛申決定辭職，普京接受了他的辭呈。之後，麥德維傑夫說：「他們不再見面，彼此也不再打電話。」普京第二任期的就職典禮邀請葉利欽參加，但葉利欽缺席了，原因是「身體不適」。之前他已搬離原住址，之後，葉利欽表示：「我已脫離公共政治，不打算發表政治評論並議論我的後繼者的作為。」

2004 年，普京以 71.3% 的得票率再次當選總統。三年後，是否要修改俄羅斯憲法，以保證普京第三次連任總統的議論成為一時風潮。

這個時候，美國華盛頓國際安全研究所俄羅斯和亞洲項目主任尼古拉·茲洛賓獲得了一個被普京接見的機會。他直接詢問普京會不會謀求第三個任期？俄羅斯《生意人報》記者科列斯尼科夫（A. V. Kolesnikov）——當年由梅德韋傑夫邀請的三個完成《第一人：普京自述》記者之一，他記錄了這個有趣的過程：

「我想知道下面問題的答案：您會謀求第三期連任嗎？會還是不會？只有『會』或者『不會』。」茲洛賓的問題很直接，而

普京（右）與梅德韋傑夫

且要求以「會或者不會」直接回答。

「不會。」

「您將會修改憲法嗎？會還是不會？」

「不會。」

……

「您敢不敢寫下您不會謀求連任的書面憑據？」普京回答：我敢。他寫了，並把寫下憑據的筆送給了茲洛賓。在茲洛賓離開俄羅斯準備回國時，西方記者相信他得到的普京憑據會在出境時被查收，於是準備記錄這一「沒收」時刻，結果茲洛賓順利出境，無人在意。

普京已經準備好了他的「接班人」，他們分別是：

梅德韋傑夫：普京任聖彼得堡市副市長時助手。2005 年 11 月 15 日，出任第一副總理；

伊萬諾夫（Sergei Ivanov）：普京情報系統同事，2007 年 2 月 15 日，出任第一副總理；

祖布科夫（Viktor Zubkov）：普京任副市長時助手。2007 年 9 月 12 日，出任政府總理。

這是一個可以讓媒體玩總統「猜猜猜」遊戲的組合，答案最後揭曉：梅德韋傑夫。

梅德韋傑夫一如普京，拒絕跟他的總統競選對手作電視辯論。他對此的解釋很直接，是理解俄羅斯現代政治的一個小窗口：「我尊重我的對手，但並不是要給他們太高的評價。我沒有必要在舌戰中依靠這些爭上風，那些對手從來沒有駕馭過國家機器，他們的綱領明顯地落後於時代，或者根本就沒有可行性。執政一方的優勢、優越性和問題在於一點，即它從事的是具體的事業。人們可以喜歡或者不喜歡它，但是這些事業是可以看得到的。選民考慮所有一切：國內的形勢，對領導人的態度和其他很多因素，而公開辯論並不是主要的。任何一個高效政權的任務是保持穩定和延續選擇的方針。我們完全沒有必要動搖這一點。」

沒有意外，梅德韋傑夫以高票當選俄羅斯總統。他在競選前接受記者採訪時，描述自己的心態：「對我來說，重要的是在任何情況下都能做個正常的現代人。要知道，職位來了還會離開。」2012 年，梅德韋傑夫要離開了，因為，普京又回來了。

PART IV
The Super President
超級總統

> **即使匪徒躲進抽水馬桶，
> 我們也要將他們衝進下水道。**
>
> ——普京

　　克里姆林宮比想像要大，大很多；比較之下，紅場則比想像小——過去，這裡就是莫斯科市的居聚地與集市。權力的克里姆林宮與市民的紅場，從地理關係結構上看，跟現在的俄羅斯政治一社會結構相似。

　　2010 年，葉利欽的小女兒塔季揚娜·尤馬舍娃發表她的博文（blog），描述葉利欽向普京提議由他出任代總統之際，普京的狀態：惶恐。他的反應是他沒有能力承當這份職責，他建議葉利欽重新考慮。—— 如此態度，接近拒絕。這當然是事實。在葉利欽第三本自傳《午夜日記》裡，已經很清楚地記錄了這一過程。只是，葉利欽對普京的反應，是正面而積極的評價：他知道身處高位的艱難。

　　10 年之後，尤馬舍娃卻給出了相反的評論：普京並未像人們想像那樣堅強。俄羅斯人已經習慣了 10 年的普京的強硬，似乎不能接受他曾經的怯懦。

　　克里姆林宮的主人，對俄羅斯世俗世界是一個強大的存在，可能如此膽怯於自己即將承擔的責任？雖然，這確實是事實。

2000 年，普京擔任代總統。

克里姆林宮

弗拉基米爾·普京是誰？

2000 年 1 月底，普京要去達沃斯參加世界經濟論壇，這是他作為代總統第一次參加全球性領袖的會晤。他是誰？他的經濟政策、政治主張以及意識形態會是怎樣？這都是疑問。這個時候的普京，除了領導一場戰爭——指揮第二次車臣戰爭這一角色之外，其他一切模糊；即使作為戰爭的領導人，他如何權衡並選擇進攻戰術也沒有太多信息被發佈。

俄羅斯媒體表現挺有趣，他們彷彿參加一場智力競賽，尋找並提供各種關於普京的答案，努力使自己的答案成為最正確的那個。事實上，表現出來的狀況又是彼此極端衝突的：

普京是西歐派，對獨特的俄羅斯道路思想漠不關心；他加速了俄羅斯歷史新轉折，是反西歐派；他毫無疑問是民主主義者；不對，他是個保守主義者，而不是民主派，他主張強權；他是人道主義精神的自由主義者；不對，他是實用主義者，他的立場無法用意識形態的刻板公式來確認……

顯然，這所有的討論與分析都是意識形態化的。媒體這種在分析的方法論上的一致性，與葉利欽的個性極其相關。「早在 1985 年，葉利欽就已經投身於公眾政治世界，他是從蘇共最高層進入民主運動的，這就要求他必須不斷聲明自己是反對共產主義的，以此來證明自己與意識形態無關，但這樣卻正是一種意識形態。」俄羅斯政治作家麥德維傑夫如此分析，那麼，普京將擁有什麼樣的意識形態呢？至少，與他競爭總統之位的三位政治人物都有分明的意識形態：自由主義者（亞夫林斯基）、民族主義者（日里諾夫斯基，Vladimir Zhirinovsky）和共產黨（久加諾夫）。

在普京獲任代總統的前一天（1999 年 12 月 30 日），俄羅斯《獨立報》（Nezavisimaya Gazeta）轉發了普京首發於俄羅斯政治網的一篇文章《千年之交的俄羅斯》（Rossiya na rubezhe tysyacheletiy），在這一文章裡，他宣稱：俄羅斯沒有可能、也沒有必要建立某種新的全國或全民性意識形態；沒有可能、也沒有必要確定所有公民必須共同接受的意識形態價值——俄羅斯拒絕國家性的意識形態，「反對恢復任何形式的國家的官方的意識形態」，為什麼？普京的解釋是：「1917 年之後公民的意見一致和團結不是通過思想教育工作達到的，而是靠暴力手段達到的。不同意當局意識形態和政策的人遭到各種迫害甚至鎮壓。」那麼，普京自己也拒絕意識形態？

已經開始在那龐大的一號樓官邸辦公的普京——克里姆林宮的新主人，當然是所有媒體的興趣。甚至，正在開始商業化的俄羅斯媒體，意識形態化的分析未必佔主體——多數政治分析有了一個意識形態式疑問的開頭，便轉向了作者所知道的這個人的故事。顯然，更符合傳播之道的是人物故事以及個性描述，這才是傳播重點。

閱讀已經翻譯成中文的俄羅斯材料，有意思的現象是，討論戈爾巴喬夫與葉利欽的政治與歷史作用時，最經常用來做對比的是中國領導人鄧小平；而這個時候大量的普京的故事，卻非橫向的比較，而是縱向的描述。與克里姆林宮過去的那些主人比較，普京怎樣？《普京：克里姆林宮四年時光》裡梳理了這種種描述：

斯大林很少將政治局會議變成個人的演說。他搞清問題，然後邊在辦公室前後踱步，邊注意傾聽政治局委員的發言，有時則在大號筆記本上記錄着什麼。只有在會議即使結束時，斯大林本人才開始講話，而這通常是再沒有人能更改的最後決定。在邀請專家，如冶金、武器系統、語言學等方面的專家時，斯大林可以不停地聽上幾個小時，間或也只是提上幾個啟發性的問題。赫魯曉夫則喜歡用自己明確立場的發言作為政治局會議的開場白，在此之後，與會者很難再提出與黨中央第一書記想法相悖的觀點。戈爾巴喬夫也不喜歡聽別人講，而是選擇說——甚至就連邀請兩三個人提意見和諮詢的時候，也不例外。葉利欽通常是向座談者提問題和傾聽，但是卻不善於聽取別人的建議。他能中斷別人的談話並將座談者——顧問們、助手甚至還有部長們從辦公室趕出去，不去傾聽他們的主要觀點，因為他只給他們 30 分鐘，而時間很快就到了。這個時候，你還未進入關鍵，當然被趕走……

與這些成為歷史的克里姆林宮主人比較，普京將會怎樣？很可惜，並沒有太多俄文材料可以相對完整地描述。一般的解釋是：普京對俄國媒體「並不信任」。目前為止，最完整的描述甚至是來自美國人。

2001 年 9．11 事件之後，普京堅定地支持布殊反恐——此前他們關係並不和諧；這一行為再次讓西方政治學者對他的風格與個性產生興趣。美國《華爾街日報》（*The Wall Street Journal*）獲准可以採訪普京：兩個小時。他們派出了一個採訪組，完成了被極為廣泛引用的報道。美國人這樣描述：

他的領導風格有五個特點，其中最為明顯的是他的理智。這個人對世界性的問題瞭如指掌，此外，他所擁有的戰爭藝術也可以和智力超群等量齊觀——他有壓倒性的力量，這可以讓他不必消耗過多精力，同時還可以利用對手的力量為自己的利益服務。他的第二個顯著特點是務實性和靈活性。普京完全不誇大其辭，也沒有任何玄妙難解的華麗辭藻，缺少多餘的體態語言，更無過分的矯揉造作。他說的和做的事情都在經濟問題上，但他不是一個機器人。

普京給曾經採訪過世界許多國家領導人的記者們留下特別深刻印象的第三個特點是：沒有明顯的自命不凡。「在接受我們採訪前，他比約定好的時間遲來了 20 分鐘。大家互相握手，氣氛融洽但不誇張。他面帶微笑地坐到橢圓形桌子後面。他沒有將時間浪費在寒暄和客套話上。普京表現出的是非常嚴肅，甚至堅持不懈地嚴肅到提醒別人對待俄羅斯的態度：這是一個世界超級大國。但他沒有刻意去證明自己是俄羅斯的化身。他給人一種自信者的印

莫斯科的救世主大教堂，一位市民把教堂的麵包用來餵鴿子。

象，但不希望所有人的目光都聚焦到自己身上。」

第四，普京清楚表現出來的特點是，他成為別人費勁腦汁去破解的謎團。普京不久前曾將自己貼身的小十字架拿出來給基督徒小布殊看，小布殊就此問：你是不是東正教信徒？這是普京一生中第一次對回答問題面有難色。停頓了一下，他說：「我不想回答這個問題，因為我認為它應當是個人隱私。我不想讓這個領域被用作政治目的。」由此可以看出，普京無條件地、深深地思考宗教問題，因此他才會有上述那種表述。但是，他自己究竟是不是一個東正教信徒呢？這還是留下了謎團。最後一個特點：現實主義。

幾乎所有的俄羅斯媒體都轉載了《華爾街日報》的報道，或許這並不讓我們陌生：通過西方媒體瞭解自己國家的領導人。普京如何回應西方媒體描述的、並通過俄羅斯媒體轉載所形成的他的形象？在2000年總結報告中，普京這樣說：「我請求俄羅斯公民不要把我看成是象徵、救世主或者功臣，我只是俄羅斯人民臨時任命的經理和管理人。」經理和管理人——普京這樣定義了自己，但用的不是意識形態框架。他確實拒絕意識形態。

克里姆林宮的新主人，一位「經理」，面對的是什麼樣的國家的格局呢？

按俄羅斯官方統計：1991至2000年，俄羅斯的GDP下降40%左右；居民的實際收入下降51.6%，消費價格上漲6,168倍，盧布貶值99.55%；1998年失業率達13%，貧困人口佔70%……經濟實際上倒退25年，經濟總量從世界第2下降到第20位。其GDP的下降幅度，即使戰爭時期，也未到如此高位：一戰下降25%，二戰時下降21%。

大眾傳媒描述的總統普京，是一個有傳播效率卻未必有真實內容的形象。面對俄羅斯系統性危機，普京描述的這個國家是：「俄羅斯已不屬於代表着當代世界最高經濟和社會發展水平的國家；俄羅斯正處於數百年來最困難的一個時期，大概這是俄羅斯二百至三百年來首次真正面臨淪為世界第二流國家，抑或三流國家的危險。」而且，這個時候的俄羅斯，「在政治和社會經濟動盪、劇變和激進的改革中已經精疲力竭。民族的忍耐力、生存能力和建設能力都已處於枯竭邊緣。社會簡直要崩潰，從經濟上、政治上、心理上和精神上崩潰。」

那麼，克里姆林宮，俄羅斯最高權力機關，特別是普京將如何應對這一困局？

救世主大教堂

克里姆林宮裡有四處教堂:聖母升天大教堂、天使長大教堂、聖母領報大教堂、法衣存放教堂,還有一座牧首宮。這是俄羅斯傳統,也是理解這個國家的一個開始。

1994 年,莫斯科市市長盧日科夫決定重建救世主大教堂。這是真正的開始。

救世主大教堂興建於 1839 年,這是當年俄羅斯沙皇為慶祝戰勝拿破侖而決定修建的大教堂。教堂之於俄羅斯,宗教意義之外,是這個國家民族精神的象徵;紅場上的瓦西里大教堂——色彩極鮮艷,彷彿童話書裡的教堂,則為慶祝戰勝蒙古人所建造。44 年後,救世主大教堂終於建成。俄羅斯一位歷史學家這樣寫道:「一個又一個的沙皇來了又走了,老一代人死了,新一代人又誕生了,俄羅斯捲入混亂的戰爭和征服,受盡一浪又一浪的饑荒和流行病的折磨,但什麼東西也沒停止對完成這個超大建築的努力。」在歷史記錄裡,這座 1883 年建造完畢的大教堂,用了四千萬塊磚,牆厚 3 米,外用大理石板和花崗岩板,巨大的圓屋頂上有一個皇冠,外用 176 噸的銅包着。教堂頂端有一個高達 3 層樓的十字架……它當然是莫斯科地標性建築。

可是,斯大林決定炸掉它。他要在這地基上建造更大的「蘇聯宮殿」,一座比美國紐約的帝國大廈還要高的建築,頂上掛上列寧的巨大頭像。1931 年 12 月,經過一系列爆破,救世主大教堂被推倒了,留下一大堆煙霧騰騰的碎石塊,一位目擊者描述:「可怕的寂靜籠罩在這個地方。」斯大林的摩天大樓方案投標競爭持續多年,也未決出優勝者,最後斯大林去世,摩天大樓計劃被徹底放棄。大教堂原址上建造出一個大型公共室外溫水游泳池。

盧日科夫何以有勇氣重建?這是一個國家轉型宏大敘事中的個案故事。

戈爾巴喬夫經濟改革不順,轉向於政治改革,以求以政治改革來推動經濟的市場化;但是,政治改革的結果,瓦解了蘇聯國家認同的根基——社會主義意識形態認同,民族認同上升為主導,這個國家就如被打開的「俄羅斯套娃」,開始崩潰。那麼,真問題在於,當這個國家取消了意識形態的國家認同之後,有可以替代的國家認同嗎?甚至是無意識的,戈爾巴喬夫選擇了宗教。1988 年,在紀念羅斯受洗 1,000 年時(編按:基輔羅斯公國是烏克蘭、俄羅斯、白俄羅斯文明的發源地,羅斯受洗日與古基輔羅斯公國接受東正教有關。),為挽救日益衰落的聲譽,戈爾巴喬夫參加了這

東正教活動的儀式

一儀式，並接見了國內外教會領導人。蘇聯的宗教政策開放。1991 年，蘇聯解體，葉利欽宣佈：拋棄無神論，恢復作為俄國傳統文化的東正教……

在蘇聯極為嚴厲的宗教政策之下，東正教在俄羅斯並未消亡。即使在蘇聯時期，按英國學者卡瑟琳·丹克斯提供的統計：俄羅斯總人口中，大約有一半人是宗教信仰者，而在這些信仰者中，有超過75% 的信徒信奉俄羅斯東正教。普京 5 歲時就被媽媽偷偷送去受洗，那個拿出來給美國總統小布殊所看的小十字架正是受洗時所獲；傳奇的是，普京聖彼得堡那幢別墅被大火燒的乾乾淨淨，他從那裡撿回竟然是這個小十字架。當然，他為什麼沒有向小布殊講述這個故事，這不太容易讓人理解。

在那份相當於總統競選綱領的文件《千年之交的俄羅斯》裡，普京在「反對恢復任何形式的國家的官方的意識形態」之後，他所期待的未來：「接受高於各種社會、集團和種族利益的超國家的全人類價值觀；恢復那些被稱作俄羅斯人自古以來就有的傳統的價值觀，即作為道德價值的東正教。——東正教在俄國歷史上一直起着特殊作用，它不僅是每個信徒的道德準則，也是全體人民和國家不屈不撓的精神核心。東正教在很大程度上確定了俄國文明的特性，千百年

來，它永恆的真理時刻支撐着人民，給他們以希望，幫他們獲得信念。」

很顯然，普京期待以東正教來重建國家認同，恢復社會團結。歷史的奇異之處就在於，國家認同與社會團結的崇高目標，在演進過程中，卻相當艱難甚至結果相反。比如救世主大教堂的重建。

重建救世主大教堂是一種象徵，所有對東正教以匡扶國家重建認同的期待，都可以以這座宏偉的大教堂予以象徵。但是，盧日科夫，他只是一位市長，市政府本身並沒有錢。比如教堂的金頂，盧日科夫計算，如果用金漆層加上一層硝化鈦做底，那麼，金子就可以只用 20 公斤而不是原方案的 312.6 公斤，這可以省出一大筆錢。這差不多已經到了斤斤計較的地步了。盧日科夫為了檢查這樣做是否看起來像真金一樣，專門去找了東正教俄羅斯牧首阿列克西二世。他拿着兩個樣品，一個便宜的，另外一個是真正的金箔。他沒有告訴牧首那個樣品是真金的，他讓牧首選一個看起來好看的樣品，牧首選擇了便宜的，後來在施工中就採用了便宜的方案。雖然如此節省，但重建這座教堂最初預算 1.5 至 3 億美元，結果用到 7 億美元。

錢從那裡來？盧日科夫的手段簡單、直接而且粗暴，他向那些在莫斯科發財的

資本家們發令：「你住在這座城市裡，你在這座城市賺錢，給這座城市交付你應該交的錢。否則，你就別在這裡待。」修建救世主大教堂 80% 的經費，由這種方式拉來捐助。當相關捐助款到賬，第二天早上、甚至當天晚上，當事人就會接到盧日科夫電話，告訴對方他得到了他最希望得到的那塊地，或者得到了控制某家工廠的優先權。

盧日科夫創造出一種新的俄羅斯經濟模式：金錢與權力結合的模式。他最初與寡頭古辛斯基合作，古辛斯基修復他提供的舊房屋，然後留下 1/3 出售獲利；這一模式發展到重建救世主大教堂，錢權模式完全成熟。他是莫斯科的大老闆。有意思的是，莫斯科人認同他，他 1992 年被葉利欽任命為莫斯科市市長，之後連選連任，而且次次高票當選，直到 2010 年被梅德韋傑夫解職——這是一個另外有趣的故事。他被解職時，他的第二任妻子葉連娜·巴圖林婭（Yelena Baturina）以 29 億美元的身價，列《福布斯》（Forbes）俄羅斯富翁排行榜第三位。

葉連娜·巴圖林婭接受《華盛頓郵報》記者霍夫曼採訪時，解釋她丈夫為什麼會大受歡迎：「盧日科夫明白，在遭受破壞的時期，最重要的事是能夠找到一個團結人民的思想。建築就是團結莫斯科人的思想。」有一年盧日科夫過生日，巴圖林婭琢磨什麼禮物更有創意，她看見了路邊的挖土機，靈機一動，她把玫瑰花放進挖土機的鏟子裡，用挖土機把花傳給了盧日科夫。她解釋說：這是獻給「建設者」最好的禮物。

即使總統如葉利欽，在他的時代也飽受媒體攻擊，但盧日科夫卻幾乎沒有挨過新聞界的批評。原因何在？他以補貼房租的方式為很多報紙和電視台提供財金支持。據說，一幢公寓大樓裡，住的全是報紙的記者，是盧日科夫提供的。他們相信，盧日科夫隨時可以將房屋收回去，所以他們得小心翼翼避免觸犯他。俄羅斯前總理蓋達爾在《莫斯科新聞》周刊上撰文批評，「莫斯科的經濟生活官僚化嚴重，這導致了普遍的腐敗。」這算得上很溫和的批評了。但盧日科夫起訴了蓋達爾，而且他的官司還贏了。如此，還有記者敢做「揭黑報道」？

西方記者描述的盧日科夫：「在他自己的帝國裡是國王，他對沒有人敢挑戰他的這個事實感到非常得意。」

當然也有挑戰者，並且對方身份不俗。只是，未必成功。

盧日科夫不同意丘拜斯大規模的私有化方案。正當的理由是：國家沒有錢，所以工廠賣掉後，也賺不到錢。這在事後得

到證明是正確判斷。但在當時，霍夫曼描述說，他更想做的事情是：他要自己去挑選莫斯科市資產的主人，而不想讓那些通過憑單拍賣獲勝的人來成為這些資產的主人，因為那樣的話，他就無法控制他們了。公正而言，丘拜斯考慮的是如何迅速把國有資產賣出去，他相信市場會自動選擇合適的經營者；而盧日科夫直接想到的是誰來經營，他要選擇能幹的人來經營。誰更合理？不易討論。如果失去監督，兩種路徑，都將導致腐敗以及失敗。

俄羅斯媒體記錄說，盧日科夫曾找過丘拜斯，要求他停止這樣的私有化方案：「資產不能這樣便宜地出售。如果這樣，我們得到的是投機商，而不是統治者。」丘拜斯拒絕了他，而且丘拜斯想要打破的就是盧日科夫這種黨政官僚對資產的控制。盧日科夫怒了，他正式宣戰：「從現在起，你就是我在意識形態方面的敵人，我要用各種可能的方法與你和你在全國灌輸的東西進行鬥爭。」

就在盧日科夫宣佈重建救世主大教堂那個月，他與丘拜斯再次發生衝突，他在一次新聞發佈會上發誓莫斯科決不實施全國性的私有化方案。他指責丘拜斯的方案，就像「一個醉鬼為了買酒喝，在大街上不惜賣掉身上所有的東西」。地方官僚如此強悍地攻擊「中央」官員，

也頗讓人難以想像。「醉鬼」這詞激怒了丘拜斯，他反擊說，「這是典型的官僚目無法紀的表現，是對普通老百姓的侵犯……私有化會讓高層官員把他控制的資產交出來，而他從內心裡是根本不願意的，這是他權力的基礎。」丘拜斯決定硬來，他宣佈對莫斯科 50 家工廠拍賣。盧日科夫對抗之策是，推遲對作為聯合股票公司的企業進行註冊，而這正是私有化最關鍵的步驟……雙方絕無和解可能，完全硬對硬。官司打到了葉利欽那裡，葉利欽後來宣佈：調解雙方的各種努力都失敗了，所以他命令「莫斯科單列」。盧日科夫贏了。

俄羅斯的休克療法以及私有化，在多數乏智的研究者那裡，是單調的統一的行為模式，但實際不然。俄羅斯市場經濟的形成過程，結果誕生了三種途徑：一是蓋達爾—丘拜斯的以市場為主的自由主義；一是貪婪的勝者為王的寡頭資本主義；一是盧日科夫式的老闆控制一切的城市資本主義機器。他們之間雖有合作，但本質上仍是競爭關係。

1998 年，救世主大教堂完工開放——這座莫斯科河河畔的「新」教堂，完全由現代材料建成的傳統建築，高大威嚴，內部裝飾金碧輝煌，令人瞠目。盧日科夫的聲望由莫斯科走向全俄羅斯，達至頂點。在重建象徵着俄羅斯國家認同標

盧日科夫（左）與普京

紀念抵禦外來入侵者勝利的儀式

誌性建築這一過程中，悖論之處在於，為着國家認同象徵的重建，結果卻誕生出盧日科夫式分裂——他渴望從莫斯科政壇走向國家權力中心。這一年，他成立自己的競選聯盟，並且聯合被葉利欽撤職的總理普里馬科夫。盧日科夫—普里馬科夫組合，使精通權謀的葉利欽頭痛不已，他們的勢力實在強大。

準確地講，這是俄羅斯寡頭利益集團興起之後，地方利益集團的興起。這個國家的「俄羅斯套娃」，不只是車臣叛亂與分裂那麼簡單，它是系統性危機。普京面臨的挑戰看似俄羅斯即將崩盤的經濟，實則內裡是政治上的分裂；尤其經濟的私有化所誕生的寡頭集團與地方利益集團，正在從經濟領域進入政治領域，竭力將經濟實力兌換成政治權力。解決

俄羅斯經濟增長問題，其路徑，不在經濟而在政治。

聯邦安全局

2004 年，俄羅斯《獨立報》報道，曾在盧比揚卡廣場（Lubyanka Square）被拆除的捷爾任斯基（Felix Dzerzhinsky）的雕像，在他誕辰這一天（9 月 11 日），被重新樹立。這條消息有着極為廣泛的中文傳播，它證明普京重回 KGB 舊路。

領導「契卡」（Cheka，肅反委員會）的捷爾任斯基，是蘇聯建國時期最為強悍的國家領導人。後來的 KGB，亦由「契卡」演變而來。在相當的意義上，他是 KGB 或者說蘇聯統治方式的一種象徵。而盧比揚卡廣場，蘇聯時期即叫「捷爾任斯基廣場」。1991 年 9 月，由 KGB 領導人克留奇科夫參與領導的反戈爾巴喬夫政變未遂──這事實上意味着蘇聯解體，憤怒的莫斯科人將捷爾任斯基重達 15 噸的雕像，用大吊車從地基撥起，丟棄在莫斯科一個藝術中心後面的小公園裡。這個公園後來竟然很出名，它被稱為「倒下的雕像公園」。13 年後，捷爾任斯基又重回盧比揚卡廣場。看上去，這很合乎當時的時勢邏輯。

軍事力量，尤其是強大的軍隊，一直是蘇聯立國的根本；而 KGB 則為蘇聯國內統治的支柱之一。只是，國家巨變時刻，所有的光榮與罪惡，皆因此而無足輕重，彷彿過眼煙雲。甚至從軍事史的角度觀察，蘇聯的崩潰，正是軍隊的潰敗史：正當蘇聯進入政治改革之際，蘇聯軍隊以顏面盡失的方式撤出了阿富汗（1989 年）；隨後，共產主義在中、東歐統治的結束也導致了他們的安全組織──華沙條約組織的瓦解（1990 年），蘇聯軍隊被迫全部撤回國內；蘇聯軍隊，包括安全機構，在他們全部回歸本土之際，又發現他們曾經發誓要保衛的國家──蘇聯即將解體。俄羅斯軍事史研究者描述說：「蘇聯紅軍打敗希特勒並直搗柏林的輝煌，以及隨後 40 年來讓力量強大的美國和北大西洋公約組織寸步難行的榮耀，正在被浪費和揮霍。」而且，這個時刻，對 KGB 而言，顯得尤為艱難，「要界定誰是蘇聯的敵人，變得更加困難。以前的持不同政見者，現在都結束了流放生活或者從監獄裡釋放出來，並能夠自由地發表他們的觀點。」那麼，軍隊以及 KGB 又將對誰效忠呢？

閱讀蘇聯解體以及制度變遷史，最令人感歎的是軍隊與 KGB，這個國家沒有陷入更劇烈的混亂，實有賴這兩部分的「冷漠」。

軍事政變是多數後發國家最為常見的一

種道路選擇，而在俄羅斯，最可能引發軍事政變的時刻是總統葉利欽與俄羅斯蘇維埃衝突之際，雙方都在此刻動員軍隊介入。葉利欽去動員特種部隊「阿爾法」（Alpha）進攻「白宮」，即以總統之尊，也未必完全能夠說服這些軍人們。雖然他們沒有反對葉利欽的命令，但仍然以自己主動的說服，使蘇維埃委員們和平地走出「白宮」，從而避免屠殺。雖然葉利欽動用軍隊來解決文官政治家之間的爭端，是開了一個極端危險的先例；但結果，俄羅斯軍隊並沒有像寡頭那樣把自己當成一個「國王的製造者」，也沒有把自己看作官方派系衝突的仲裁者，或者甚至是決定用軍事統治來取代無能的文官政府。在相當的意義上，俄羅斯軍隊能夠如此，令人疑惑。這當然是俄羅斯之幸。此次事件之後，在重新修改的俄羅斯新憲法裡，葉利欽確定：軍隊服從於總統，而不是服從於一個文官控制系統。

比較之下，KGB 稍有意外。1991 年克留奇科夫參與「政變」而被撤職，KGB 也因此被葉利欽解散。這一決策，使這一有足夠影響國家走向的力量，失去了干預國家的機會。也是不幸中的幸運。經過多次重建、合併與撤消，1995 年，俄羅斯的聯邦安全局終於成型。1998 年 7 月，普京出任聯邦安全局局長。這是他的人生履歷中第一個正職，而且是中央機構的。

普京成為總理，繼而成為俄羅斯代總統與總統，客觀而論，他並沒有太多屬於自己的「幹部儲備」，惟有聖彼得堡與聯邦安全局兩處幹部可供他最初的選擇。梅德韋傑夫是普京聖彼得堡人才庫裡最具象徵的人物——當普京出任總理後，他從聖彼得堡來到莫斯科跟隨普京；而另一象徵性人物謝爾蓋・伊萬諾夫則出自情報系統。

2000 年初，還在第二次車臣戰爭期間，普京開始了他的「規則與秩序」重建，最核心的步驟即為軍事重建，他宣佈增加 50% 的軍費預算，並對空軍和海軍司令，以及參加車臣戰爭三位領導人進行了提拔。但就在此時，前火箭軍司令、國防部長謝爾蓋耶夫元帥（Igor Sergeyev）與第二次車臣戰爭策劃者、總參謀長克瓦什寧將軍（Anatoly Kvashnin）發生了非常公開而激烈的權力衝突。增加的軍費預算如何分配，是衝突之由。克瓦什寧和總參謀部認為，因為錯誤而不必要地與美國保持核平衡，因而導致在俄羅斯的國防預算中，用在核武庫上的開支太多，據他們統計佔到軍費的 70%。而前火箭軍司令、現國防部長謝爾蓋耶夫則反對，他認為俄羅斯的核武器應該全部歸入軍隊中的一個新的專門機構，並聲稱僅有 17% 的

國防預算被用在核武器上。

普京解決了這一衝突，他決定伊萬諾夫出任國防部長，謝爾蓋耶夫則改任戰略穩定顧問。伊萬諾夫與普京就讀同一所大學，後來在 KGB 竟然也在同一個訓練班受訓，他們也是在這裡相識，他們又一同開始情報工作。他當然是普京的人。作為國家強力部門最為關鍵的國防部，普京有了控制力。此後，更多的來自安全系統的人，進入各個關鍵崗位。控制強力部門，並選擇強力部門的人進入關鍵位置，普京開始了他自己的人事佈局。

媒體越來越多地發現原聯邦安全局的「退休」成員進入各個部門。2002 年莫斯科劇院劫持人質事件發生時，俄羅斯記者索爾達托夫（Andrei Soldatov）認出現場的國家廣播電視公司副董事長茲達諾維奇，後來他調查發現，茲達諾維奇的身份不只是轉播的控制者，也是營救行動的正式參與者之一。茲達諾維奇進入國家廣播電視公司前，是聯邦安全局的發言人——多數像他這樣的人，被稱為「活躍儲備特工」，當年跟隨索布恰克而未從 KGB 辭職的普京，即為「活躍儲備特工」。這顯然是聯邦安全局另一種行動策略。

多數制度變遷的研究者，在機構撤併與興衰之間尋找制度何以如此運行，但是，如果失去對人事的觀察與理解，未必明智。俄國研究者有一項有趣的「政府精英研究」，其研究者馬卡爾金分析普京的用人標準：首要標準是可靠程度，次要標準是工作能力，而意識形態傾向幾乎不在考慮之列。而當普京 8 年總統任期結束之際，俄羅斯另一位研究者克雷什塔夫斯卡婭分析普京所任命官員，得出這樣一個有意思的結論：每位領袖都會選擇兩類人，一類是忠實於他的人，一類是高水平的人，最重要的是維持一定的平衡。在普京班子裡，上述兩類人的比例是 7 比 3。這是克里姆林宮前任主人們所沒有過的事情。那麼，在「忠誠」這一品質裡，不太會有比聯邦安全局更強調這一品質的機構了。

是否忠於自己的人就一定能夠打天下？同樣，必須結合人事變遷來觀察的則是，制度調整。普京精心打造的強力部門人事安排，2004 年面臨挑戰。

這是第二次車臣戰爭大規模地面戰結束後，車臣恐怖分子發起的最劇烈的一次攻擊。2004 年 6 月，200 名叛軍進入與車臣接壤的印古什共和國的納茲蘭（Nazran）和卡拉布拉克（Karabulak），他們分成若干軍事小組，強行攻入 15 座城市建築，其中包括 503 軍團總部、內務部總部，還有聯邦安全局邊防警察基地、一個軍火庫及

當地警察總部。他們的目標是執法部門人員。這些人身穿迷彩服，頭戴面具，他們在街上攔住行人，要求檢查身份證，發現身上帶有執法部門成員身份證件者，即迅速開槍殺死。據官方統計，叛軍共殺死 62 名執法部門官員。

這還只是開始。這年 8 月 24 日，兩架俄羅斯國內航班，一架圖—134，一架圖—154，在早上從莫斯科多莫傑多沃（Domodedovo）國際機場起飛，大約在 11 時，兩架飛機幾乎同時墜毀，總共死亡 89 人。事後證明，這是兩名「女人彈」炸毀的。一週後，另一枚「女人彈」在莫斯科中心地鐵站炸響，當場 10 人死亡。隨後，9 月 1 日，震驚世界的別斯蘭事件爆發。當地一所學校被恐怖分子劫持，他們將 1,100 人扣為人質，其中包括 770 名兒童……最後，這一事件導致 334 名人質被殺害，其中包括 186 名兒童。

強力部門，聯邦安全局在哪裡？事件爆發當天，普京即命令聯邦安全局局長和內務部部長趕到現場，但結果他們甚至沒有到達別斯蘭城裡，「他們到達機場，停留的時間也就剛夠等下一班返程飛機起飛」。而另外兩位聯邦安全局副局長帶領兩支突擊隊也來到別斯蘭，結果他們來了能夠做什麼，沒有任何明確的指令。

這實在令人不可思議，但它卻難以追索任何責任人——當時的聯邦安全局行動原則，是屬地管理原則，亦即聯邦安全局，即或局長與副局長帶領的行動隊，也須聽從當地安全局負責人的指揮。這是俄羅斯制度「分權」原則的一個結果。而當地安全局的負責人，因為擔心得罪當地人，同時也無能力承擔如此重大挑戰，雖有眾多精英突擊隊相援，但仍沒能嚴密佈置突擊隊佔據學校周邊有利地形，甚至沒有組織有效的控制與進攻……悲劇就因為這種體制約束，聯邦安全局局長與內務部部長可以坦然離開，學生生命就此消失。

這次事件使普京有了強力改造制度，說服民眾接受重建中央垂直控制的條件。所謂垂直控制——分散的權力收歸中央政府，亦即總統，這是普京政治裡最為關鍵的部分，2004 年，一場慘痛悲劇，幫助建立了這個制度。

此後，聯邦安全局開始真正強大。俄羅斯記者索爾達托夫與博羅甘（Irina Boroqan）在他們出版的《誰在掌控俄羅斯》（*The New Nobility*）一書裡描述：在俄羅斯有最具特權的車牌，有權在公路上高速逆行——這種車，在莫斯科，聯邦安全局有 95 輛，而國防部也不過只有 19 輛。縱觀 KGB 與聯邦安全局歷史，在 KGB 出身的安德羅波夫

莫斯科市政府，門口豎立着中世紀建立莫斯科城的大公雕像

成為國家最高領導人之後，KGB 同時湧現四位陸軍大將；而現在，聯邦安全局也同時擁有四位大將。

別斯蘭事件後，捷爾任斯基的雕像被重新樹立，似乎在情理之中。

莫斯科市政府

莫斯科的城市空間形態呈環狀放射結構，以克里姆林宮與紅場為中心核，形成環形道路結構，然後由中心核向東南西北各個方向建造放射性路線。由中心核正北往偏西方向發展的那條繁華大街，叫特維爾大街，這是莫斯科高檔奢侈品雲集的一條商業街。只是，這裡的「蘋果」電器專賣店，看上去沒有像中國那麼火爆。

特維爾大街 13 號，即為莫斯科市政府大樓。這是一幢罕見的紅色大樓，與周圍充滿奢華氣息的各種建築比較，它強烈的色彩使它不由分說佔據「統治」地位。大樓的街對面，是莫斯科城的奠基人弗拉基米爾（Vladimir）大公尤里·多爾戈魯基（Yuri Dolgorukiy）的高大雕像。

這幢霸氣的紅樓，彷彿「國王」的宮殿，倒是真的很匹配它曾經的主人盧日科夫的氣質。

蘇聯解體，俄羅斯獨立之後，葉利欽將如何處理他的中央與地方（俄羅斯稱聯邦主體）關係？這在一定程度上是一個「俄羅斯套娃」般的兩難境地，一方面葉利欽竭力使俄羅斯從蘇聯獨立，另一方面他則要捍衛俄羅斯的領土完整，杜絕聯邦主體的獨立。葉利欽最初的策略是採訪平行領導人制度：他任命兩個地位大體相同的官員管理地方事務，一個是州長（市長），另一個是總統代表。1992 年，就在這種情況下，他任命盧日科夫為莫斯科市市長。

但是，席捲俄羅斯的民主化浪潮，並非只允許中央政府直選領導人，地方（聯邦主體）也要民主選舉自己的領導人；葉利欽用任命制的方式控制地方領導人，因此失效。特維爾大街那幢紅樓裡的主人盧日科夫，獲權方式不再是總統任命，而是莫斯科市民票決授權。而且，並不是所有地方行政長官都可以像盧日科夫這樣，可以順利地由總統任命的市長，完成向民選市長過渡。很多葉利欽任命的州長或總統代表落選了。這是一個根本性的逆轉，中央控制，在制度結構上開始衰退。中央與地方在權力分配上，由此更多地往地方傾斜。比如別斯蘭事件，即或如聯邦安全局這樣的機構，亦以地方權力為主。

俄羅斯進入權力高度分散時期。一方面，新的權力來源，比如寡頭利益集團以及地方利益集團正在生長，另一方面，傳統權力網絡與階層，也在分化重組。1996 年到了，曾經對舊的權力集團攻無不克的葉利欽，在新的權力格局下，還有機會獲勝總統選舉嗎？

寡頭別列佐夫斯基組織寡頭集團，與葉利欽達成協議，幫助他對抗國家杜馬裡佔多數席位的俄共久加諾夫。公允而言，寡頭集團的幫助，在總統選舉上，最多能夠幫助葉利欽與久加諾夫持平，更關鍵的選票，在分散的地方利益集團那裡。這實為俄羅斯政治裡頗為隱密的權力部分，它因不易理解而常常被忽略。

在 1993 年葉利欽與俄羅斯蘇維埃武裝對峙時期，盧日科夫毫不猶豫地支持了葉利欽，在他控制的城市裡，對「白宮」實施斷水斷電，甚至掐掉電話線。在他與丘拜斯——葉利欽用來完成俄羅斯經濟制度建設的強人之間的衝突裡，葉利欽回報了他，「莫斯科單列」。

那麼，1996 年的總統大選，盧日科夫還會支持葉利欽嗎？這個時候，隨着救世主大教堂主體輪廓日益清晰，新聞界

的問題不是他是否支持葉利欽，而是他是否會參選總統。盧日科夫的回答是：「我已經厭倦了反覆回答這個問題，我不想參加總統競選，當總統不是我的強項。再說了，即使我決定參加競選總統，難道是犯罪？是非法行為？」在丘拜斯以及寡頭助選團成員的回憶裡，他們認為盧日科夫的表態是真誠的，而這對葉利欽是重大的利好消息。後來，盧日科夫最重要的商業夥伴之一葉夫圖申科夫（Vladimir Yevtushenkov）回憶說，他倆曾進行過長時間地討論：如果盧日科夫參選，與葉利欽競選，會有什麼樣的結果。但是，最後盧日科夫還是做出決定，「現在不是我的時候」，他放棄競選，支持葉利欽。

並不是所有地方領導人都像盧日科夫這樣做出了自己的支持的決定，甚至相反，更多的地方領導人未必會動員自己控制的地方選民將選票投給葉利欽。最為激烈的是葉利欽的家鄉斯維爾德洛夫斯克州，他們要求另外一種「獨立」，即成立有主權的自己的共和國。這與車臣那樣完全自外於俄羅斯不同，他們並不想脫離俄羅斯，而只是想通過成立共和國獲取更大的地方利益。簡單講，俄羅斯聯邦是一種「非對稱性」聯邦，即共和國將可以獲得與聯邦政府更多的談判權，因而也可以獲得更高比例的財政留存。

簡單而言，俄羅斯一如中國，亦有不同地區的貧富差距，在 83 個聯邦主體（即地方政府）裡，僅僅只有 10 個聯邦主體可以為聯邦政府預算提供支持；其他聯邦主體，則需要聯邦政府轉移支付。所以，基本的局面就是，富裕的地區希望向中央少交點錢，而貧困的地區則希望中央政府多轉移支付一些。

在 1996 年這一輪大選裡，地方利益集團還處於與中央聯邦政府討價還價階段，選票是他們手中的武器。葉利欽當然是政治高人，他豈能不洞悉這其間機巧，他選擇的辦法是中央政府與地方政府簽訂「雙邊條約」，以此分化瓦解地方利益集團結盟的可能性，用聯邦中央政府在財政上的恩惠而獲取地方利益集團的選票與支持。但是，這是飲鴆止渴之策，中央財政因此更加窘迫，而中央與地方關係，地方權力由此更大。

葉利欽之策當然也會很迅速被地方當權者看懂，1996 年大選過後，地方領導人發出疑問，與其這般被動地與中央政府談判，為何我們不可以組織起來，主動地獲得地方利益保障呢？

俄羅斯憲法規定，國家杜馬（下院）首先是代表全國人民和整個國家的利益的議院；而聯邦委員會（上院）則為地區性議院，代表地方利益集團。1996 年大選過

後，在聯邦委員會，韃靼斯坦總統提議：下一屆總統應當是「我們中的一員」——他的意思是，總統應該來自地方領袖而非莫斯科的高級官員。為了達至這個目標，組織政黨以及競選聯盟，是必經之途。

為着 1999 年的國家杜馬以及總統選舉，前總理普里馬科夫、莫斯科市市長盧日科夫與韃靼斯坦總統夏米耶夫（Mintimer Shaimiev）聯合成立「祖國—全俄羅斯運動」聯盟。這是地方權力黨的聯盟。而他們將可能與傳統政治勢力，尤其是久加諾夫的俄共攜手，勢力空前，這當然讓葉利欽震驚。他在自己的回憶錄《午夜筆記》裡哀歎：「盧日科夫—普里馬科夫這對組合，在杜馬選舉中可以獲得絕對的優勢，他們不僅可以立即獲得最大的政治優勢，而且會具有完全合法的可能性，以 2/3 的多數票任意修改憲法！其中包括廢除國家的總統制度。也就是說，總統選舉對於他們已經完全沒有必要了……」

只是，人算不如天算，權謀邏輯敵不過歷史邏輯。領導第二次車臣戰爭的普京順應了歷史轉折，盧日科夫及其地方權力黨因為反對戰爭，而在 1999 年國家杜馬選舉後失敗，而普里馬科夫隨後也宣佈退出總統競選。

雖然如此，已經形成的地方利益集團，並未因選舉而受到重創。

這就是普京選上總統後所面對的分裂的俄羅斯政治格局。聯邦安全局的成員可以幫助他完成對地方權力的整理？當然不可以。因為這是一種制度性的權力分配結構。但是，普京仍然選擇了聯邦安全局以及強力部門的支持。

2000 年 5 月，普京發佈命令，將俄羅斯的聯邦主體劃分為 7 個大區（2010 年又分離出一個大區，成為 8 個大區），每個大區派出一位總統代表。在 7 位總統代表裡，人們發現，其中 5 位來自軍隊或聯邦安全局高級將領，因而媒體稱之為「將軍區長」。普京希望這些總統代表能夠維護聯邦憲法及法律至高無上地位，並希望他們能夠控制當地執法部門和國防、內務與安全等強力部門的行為。

這是被媒體詬病的「警察治國」的開始。但是，這一如「活躍儲備特工」，是柔性的制度安排而非剛性的制度結構，只具震駭力，而無實際的控制力。「將軍區長」們並無實質性的部門配合與協調，行權不易。而「活躍儲備特工」可能更容易效忠新的機構而放棄對聯邦安全局的忠誠——俄羅斯安全系統有一堅持不懈的制度，即任何「活躍儲備特工」只能領一份工資，或者安全局的或者所供職機構的，顯然，安全局的工資不會高

過這些特工所供職的機構。不過,普京決定整肅地方利益集團,意圖明確。

當然,第一輪的中央與地方權力結構調整,並非只有「將軍區長」這種有戲劇性而乏實質性結果。代表地方利益的聯邦委員會,其組成成員由地方行政與立法領導人天然擔任,普京由此着手,決定其成員不再是地方行政與立法領導人,而是由他們指定並經選舉的成員組成。這種關係調整邏輯的自然延伸,聯邦主體行政首腦有權解除他所屬地方相關領導人的權力,而聯邦總統則有權解除聯邦主體首府及其他行政中心領導人的職務。

簡單講,總統普京此際獲得了一項可以解除比如莫斯科市市長盧日科夫的權力,而此前聯邦總統並無這一權力。這是一個小小的控制權的勝利。

2004 年別斯蘭事件,使更多俄羅斯人意識到中央與地方權力的現實結構。這種結構是別斯蘭悲劇的主要因素——改變它,由此成為主流性共識。經過總統、國家杜馬與聯邦委員會的反覆的博弈,聯邦總統終於獲得了另外一種權力:對地方行政長官實質的任命權。這一法律條文這樣表述:各聯邦區總統代表以及該地區議會中佔多數議席的政黨,有權分別提出該聯邦主體地方行政長官候選人的名單;總統可以從中挑選一位候選人。地方議會在總統提出候選人後進行討論,如果該候選人獲得地方議會法定多數的贊同,即被認為獲得任命。

最簡單地描述:地方行政負責人,先由總統選擇簽定,然後交地方議會討論通過。地方領導人的任免權,由此完成中央控制。垂直行政制度結構,也因此確立。

政治當然是強人的遊戲,分散的分權的聯邦制度,與集權的垂直的中央控制,那種制度更為優化,更為合理,這事實上是一個無可討論的問題。每一種選擇都是其歷史因緣,亦有其足夠理由,只是需要看是誰在選擇,並且誰獲得了成功。在中央地方利益關係結構上,普京完成了對葉利欽制度的逆轉,建立了垂直行政控制制度。在這個遊戲中,他更強大。

國家杜馬

2003 年 10 月 25 日,正準備從新西伯利亞機場起飛的俄羅斯首富、尤科斯石油公司總裁霍多爾科夫斯基被聯邦安全局人員扣押……這一案件迅速引發全球性關注。霍多爾科夫斯基領導的尤科斯,在俄羅斯石油公司裡排名第二,擁有俄羅斯石油儲量的 17%。對於俄國這樣一個能源為經濟命脈的石油輸出大國,像霍多爾科夫斯基這樣有着極其廣泛歐美資源與聯絡、尤其與美國關係不一般的

巨頭的影響力當然不局限於俄羅斯。

與他同時代出現的寡頭一樣，霍多爾科夫斯基也希望染指政治，只不過他與「國王製造者」別列佐夫斯基，以及反對派古辛斯基的玩法迥異。看上去，他更正當。2003年他開始資助國家杜馬左右兩派——他既支持左派俄共，也幫助右翼聯盟和「亞博盧」集團。他的志向不凡，他曾公開表示，2008年，當他45歲的時候將棄商從政。目標？當然是競選總統。

霍多爾科夫斯基被捕，不同的國家利益以及不同的意識形態發出的評論，立場截然不同。如果從俄羅斯角度觀察，這一事件是後續一系列行動的戲劇性表達。

聯邦安全局扣留了霍多爾科夫斯，俄國總理與總統辦公廳主任在反對無效後，同時表示辭職，甚至退休的葉利欽也利用接受採訪之機公開表示自己的「不安」。普京接受了總統辦公廳主任的辭呈，而在國家杜馬選舉結束後，解除了總理的職位。兩位屬於葉利欽的人馬，還與舊時代寡頭保持聯絡的中央政府權勢人物，由此完全清場。俄羅斯政治作家麥德維傑夫在自己的書中解釋說：由葉利欽提名為接班人，這使普京一開始就擁有了競選的領先權，但他的成本亦不菲，他需要對葉利欽及其舊臣負責。

擔任總統接近4年之後，普京徹底擺脫了葉利欽的影子——逮捕霍多爾科夫斯基，以及由此而帶來的辭職，即為明證。

一年之後，尤科斯石油天然氣公司股份拍賣，它落入國有的俄羅斯石油公司。2007年，尤科斯公司破產管理人宣佈，他從聯邦稅務局獲得了將尤科斯從國家法人登記目錄中註銷的證明。這意味着尤科斯不復存在。

在尤科斯石油公司舉行拍賣之前，普京宣佈：對549家具有戰略意義的企業限制私有化。從2005年開始，在銀行、飛機、船舶、鐵路等關乎國計民生的領域組建國家控股的大型企業。這是另一種垂直控制。經過上世紀九十年代，接近10年震盪的俄羅斯經濟，至此又發生一種逆轉。那個時代出現的寡頭，以及他們對權力的企圖，由此消失，至少潛入深幕。中國研究者龐大鵬在其所著《觀念與制度：蘇聯解體後的俄羅斯國家治理》一書裡分析：

權力與資本的關係由平衡轉為控制的變化，導致了俄羅斯政治單一性結構的最終形成，也使得西方對俄羅斯發展道路和政治民主大加指責。在西方看來，普京通過培植和安插自己的勢力與親信，已經控制了全國最有實力和影響力的經濟部門。普京的權力與資本有着千絲萬縷的聯繫，普

俄羅斯國家杜馬門口

京的反對者在各個方面都受到了限制。普京是最大的寡頭政治家。

逮捕霍多爾科夫斯基所期待引發的效應，不止於擺脫葉利欽與完成國有化動員，它更具政治意味。這次在新一輪國家杜馬選舉之前進行的逮捕，更接近一次政治「公決」──結果還是普京勝出，他支持的「統一俄羅斯」黨，在此次選舉中首次成為國家杜馬裡的第一大黨，獲得 300 個杜馬議席；而霍多爾科夫斯基支持的左右兩派政黨，遭受嚴重衝擊。

俄羅斯研究者從俄國傳統的角度分析說：俄羅斯公眾相信的是總統，而不是執行總統政策的權力機關。同樣，總統的認同與支持亦將連帶着使權力機關以及議會黨派受到重視。「統一俄羅斯」黨獲勝，即為這一連帶着受追捧的一個結果。

蘇聯反對黨的出現，實則為葉利欽開創。1989 年，戈爾巴喬夫進行政治改革，確立人民代表大會為最高權力機構，葉利欽與薩哈羅夫等組織跨地區議會政治派別，這一組織後來演化成有黨章、宣言、政治聲明以及領導機構的新政黨──民主俄羅斯運動。而葉利欽在競選俄羅斯總統之前，辭去了民主俄羅斯運動領導人的職務，他創造了一個新制度，即俄羅斯總統不屬於任何黨派，超然黨派之上。

此後，俄羅斯各種政黨湧現，1991 至 1993 年出版的專門手冊裡可以找到一百多個俄羅斯政黨的條目。對俄羅斯政黨制度相對公允的研究結論是：「俄羅斯社會結構在變遷並沒有在轉軌初期產生政黨賴以發展的社會階層，這些政治派別的主要目標是謀求權力……俄羅斯政黨，不過是其領導人躋身當權者之列的輔助工具。」

如此情形，加之俄羅斯公民相信的是超然黨派之上的總統，而不是機構與政黨，由此便產生了一種俄羅斯所特有的「政權黨」──即依附總統而建立的政黨。

葉利欽為着 1996 年的總統大選，曾支持成立「政權黨」，但他沒有成功。「政權黨」沒有獲得可以進入杜馬 5% 的選票而遭淘汰；1999 年，為對抗盧日科夫─普里馬科夫的「祖國─全俄羅斯聯盟」，他再次授意支持者組織新的「政權黨」，只是沒有人相信他能成功。1999 年 10 月，離國家杜馬選舉還有兩個月的時間，「團結」競選聯盟──它的官方黨名叫「統一黨」，非官方則稱為「熊黨」成立。當記者問到普京將會支持那個政黨時，他說他支持「團結」，很意外，倉促上陣、既無黨綱亦無明確地意識形態的「統一黨」，在國家杜馬選舉竟然出乎意料地成為第二大黨，僅次於俄共。

理清俄羅斯政黨演變史，並不那麼容易，但這個結果——普京的一句「支持」，竟使成立僅兩個月的「統一黨」躋身杜馬第二黨派，仍不能不讓人大大吃驚。或者這真就是俄羅斯傳統：相信總統，也相信總統所支持的黨派？接下來的故事不那麼讓人意外了，政治就是利益交換。曾經葉利欽最擔憂的政治對手盧日科夫—普里馬科夫組合的「祖國—全俄羅斯」，地方利益集團的政黨派系，悉數選擇與「統一黨」合併，成立「統一俄羅斯」黨。如此演化，「統一俄羅斯」黨果真有「政權黨」的模樣了。2002年，國家杜馬以通過允許各級政府官員加入任何政黨的法令，「統一俄羅斯」黨再次強大，大部分官員都湧進了該黨。

什麼人組成了「統一俄羅斯」黨？深刻的分析來自俄羅斯政治作家：

蘇聯時期，在國家的基本文件裡和在進行人口普查的時候，全體國民被分成三大部分：工人、集體農莊成員和職員。職員中包括教師和醫生、軍官和廠長，還有在各行業從事創造性工作的知識分子以及國家官員和黨務工作者。在較為自由的分析中，社會學家突出了蘇聯社會的主導精英階層。軍人階層，在蘇聯社會的後期發揮了非常大的作用；創造型知識分子被認為是蘇聯社會的重要部分；服務於大量部委的高級國家職員在社會中發揮的作用也不小。然後即使不是作為統治階層，也是作為「領導和派遣」的階層凌駕於所有這些階層之上的是共產黨的精英，構成了某種共產主義貴族，他們在各級權力機構的特殊領導作用通過專門的特命名單得到鞏固。1991年的崩潰，正是這一結構……俄羅斯雖然已經出現了企業家階層，大、中、小私有者階級，但這個階級還不夠強大和有影響，不足以承擔管理國家的任務。在俄羅斯，決定性的影響力不是掌握在弱小而又相互敵對的政黨手中，而是落到了官員手中。原來黨的精英中最能幹的部分和社會生活各個領域的管理者紛紛充實到這個隊伍中來。

然後，「統一俄羅斯」黨接納並重新組織了他們，它是形成這個過程的一部分。我們採訪俄羅斯總統大選，在俄羅斯聽到對「統一俄羅斯」的另一種稱謂：官僚黨。似乎也很準確。

在 2003 年國家杜馬大選前逮捕寡頭霍多爾科夫斯基，媒體大量報道之下，間接的效應是：受他經濟資助的左翼俄共選票大量流失，從傳統的杜馬第一大黨，退至第二位；而右翼黨派「亞博盧」黨和右翼力量聯盟，歷史上第一次未能闖過 5% 的關口，失去進入國家杜馬的機會，慘遭失敗。政治當然充滿算計，只是看你有無這等智力。

在葉利欽執政的 8 年時間裡，他最為糾

纏不清的就是與國家杜馬的衝突，並且代價實在太大。第一次與俄羅斯蘇維埃的衝突，發展成武力對抗，最終炮擊「白宮」，開創了以武力解決政治爭端的惡例；第二次與國家杜馬對抗是競選總統，導致寡頭利益集團與地方利益集團的迅速興起。聯邦中央權力，無論政治的還是財政的權力大幅削弱。這或者是他傳奇也是倍受折磨的命運？

比較之下，執政之初甚至自稱臨時「經理」的普京手段高強，他迅速將分散於寡頭集團與地方利益集團的權力收歸聯邦中央，拿到總統自己手中。結果，2004 年的總統大選，他以超高的71.2% 的得票率再次當選。這已經到達盡頭？當然沒有。

2007 年，他再次為「統一俄羅斯」黨助選，這次該黨創紀錄地獲得了 64.3%的選票，不僅保持國家杜馬第一大黨的位置，而且獲取 315 個杜馬議席，成為擁有超過 2/3 的絕對多數席位的政黨。由此，國家杜馬完成了一黨主導的政治格局，而這個黨就是「政權黨」。

這意味着什麼呢？它表明：俄羅斯無論行政還是立法，已經完成雙重垂直控制，即中央控制。「統一俄羅斯」黨在國家杜馬成為第一大黨的同時，也成為多數地方（聯邦主體）議會裡第一大黨，這是立法系統的垂直控制。由此，地方領導人由總統代表或者議會多數黨推舉——這一制度又有了可被控制的條件，無論總統代表，還是多數黨派——統一俄羅斯黨，皆為總統人馬，目前 83個聯邦主體中，76 個聯邦主體的行政長官屬於「統一俄羅斯」黨。

在普京第二個總統任期即使結束之時，他的垂直控制，一統俄國，終於完成。

「白宮」

民主政治頗為可取的一點是，它的一切既可復盤亦可推演，制度演變以及制度演變背後可能的獲益方受損方，包括改變制度的動機與目標，只要有基本智力，皆可洞悉。超然黨派之上的俄羅斯總統，之所以推動「統一俄羅斯」成為國家杜馬第一大黨，當然可以推演最終的獲益方——它是聯邦中央垂直控制不可缺少的一環。

普京當然有對手，只不過，這是更為複雜的國際政治對手。

2003 年俄羅斯國家杜馬大選前夕，美國駐俄羅斯大使弗什博（Alexander Vershbow）罕見地對《獨立報》發表談話，他說，美國將對這次大選結果進行分析。美國方面在一定程度上對俄羅斯競選過程中的一些做法感到擔憂，如

「行政資源」被親克里姆林宮的黨派廣泛使用，國家媒體對親克里姆林宮的黨派進行了大量正面報道，而對反對派則進行負面報道。之後，歐洲安全與合作組織派出五百多名觀察員，他完成的最終報告指出：全國性國家電視台「第一頻道」將 19% 的節目時間用於對「統一俄羅斯」進行有利或中性的報道，同時用 13% 的節目時間對俄共進行集中負面報道。俄共在電視宣傳方面毫無優勢可言，基本處於受攻擊而無力還手的境地。

之後，在布拉迪斯拉發的峰會上俄美首腦會晤，小布殊（George W. Bush）要求普京在治國過程中遵循民主原則。小布殊說：民主制度通常反映一個國家的民俗和文化，然而民主制度也有共同點。美國對俄羅斯是否致力於滿足這些普遍原則感到擔憂。普京則回應說，俄羅斯要讓民主適應本國的特定條件，而且不能容忍他國利用民主問題謀求利益。他強調：「民主原則的貫徹不應以國家的解體或者人民的貧困為代價。我們認為，而且我個人認為，在俄羅斯土地上實施並加強民主不應危及民主理念。它應當使國家更加安全團結並提高人民的生活水平。俄羅斯將沿着這一方向採取行動。」

顯然，這並不是一個容易達成溝通與理解的議題。

對普京政治更為公允而接近真實的觀察，來自原《獨立報》主編、著名政治評論家特列季亞科夫（Sergei Tretyakov），他首先提出「可控民主」來概括普京的政治理念；之後，他又提出「主權民主」予以解釋。這兩個概念，是目前觀察描述俄羅斯政治最為經典的概念。特列季亞科夫分析說：「普京首先關心的是，俄羅斯能否繼續存在，它的政治制度是否是獨立的、有影響的，然後才關心俄羅斯將有什麼樣的政治制度。當然，普京傾向集權的民主，只有這樣，民主作為振興俄羅斯的手段才更有效。普京對市場經濟也是這個態度。」——簡言之，對普京而言，無論民主制度，還是市場經濟，都只是實現俄羅斯強大的手段。

2008 年，在建立真正的垂直控制，並形成個人聲望最高峰之際，普京的第二個任期即將結束，在這個相信個人而非制度的國家裡，「普京道路」還可能堅持與繼續嗎？

早在 2007 年 3 月，俄羅斯聯邦委員會主席米羅諾夫（Sergey Mironov）就提出自己的建議：將總統任期延長至五年或七年，且同一個人可以連任三屆總統。他在聯邦委員會發言時表示：「我建議大家審核修改相關憲法條款的可能性。四年的任期對俄羅斯來說極為短暫。」

提議修改憲法並延長總統任期，並不是一個新鮮的創意。從蘇聯獨立出去的各共和國，尤其是中亞國家，為了讓領導人長期執政，早在 1998 年即開始這一行動。哈薩克斯坦率先把總統任期從 5 年延長到 7 年；之後，塔吉克斯坦、烏茲別克斯坦也將總統任期延長至 7 年；而土庫曼斯坦則在 2000 年完成了尼亞佐夫（Saparmurat Niyazov）「無限期總統」的法律程序——2006 年，他死於總統任上，才由新總統接任。龐大鵬在其著作裡引述說：「西方普遍認為，1991 年蘇聯解體以來，沒有一個中亞國家更換過國家領導集團，而且沒有一個中亞國家準備處理向新一代領導人過渡這個顯而易見的問題。」

俄羅斯將如何選擇？更準確地講，普京將如何選擇？

普京執政 8 年時間，俄羅斯國內生產總值增長了 70%，相比於前 10 年的衰落，這當然是一個了不起的成就。換個角度來理解普京的垂直控制，俄羅斯政治的四大支柱：中央執行權力、政權黨、強力集團與地方勢力——經過 8 年時間，普京已經完全控制。這是俄羅斯經濟能夠迅速增長的基礎性因素。但從權力的角度看，這是他個人能力的結果，但這一切也都應歸於總統之位。若無這個位置，普京也斷無建立控制的可能。只是，

現在這一切將由一位新的總統來繼承了。

那麼，普京將會選擇修改規則，延長任期，像過去葉利欽經常會做的那樣，把一盤正在下的棋子全部抹掉，宣佈自己贏了；還是遵守規則並在規則允許的前提下，盡可能地保證自己制定的方向的可持續性？這是一個兩難性選擇。

當然，站在歷史的後點，這一切已經過去，我們已經看到普京的選擇——他從克里姆林宮去到政府總理所在地「白宮」，然後又再度回歸克里姆林宮。但回到歷史現場，如何選擇，並不容易。這也是當時全世界媒體關注的焦點性問題，回看當年的眾多分析，不乏精彩。普京用人標準，以忠誠為第一原則，他任用的官員，甚至 70% 是「自己的人」——按照這一原則，他選擇梅德韋傑夫作為總統接班人，至少忠誠是足夠的。但是，政治的忠誠並非黑幫的人身依賴，何況在總統這一有着巨大權力的位置。梅德韋傑夫當然忠誠於普京，但樂意上網並寫「火星文」（網絡文字）的梅德韋傑夫畢竟跟普京不是一代人。

後來梅德韋傑夫擔任俄羅斯總統之後，2009 年發表的《俄羅斯，前進》即明確表達了與普京完全不同的政治理念：「俄羅斯歷史上兩次最大的現代化改革（彼得大帝時期和蘇聯時期）的結果都是沒

普京與梅德韋傑夫

落、屈辱和數以百萬計同胞的喪生。在那些年代,保護人的生命並不是國家優先考慮的問題。現在,俄羅斯首次有機會向自己和整個世界證明,俄羅斯能夠按民主道路發展,國家轉入更高一級的文明是可能的,將通過非暴力方式實現這一點。全方位的現代化再度成為俄羅斯的必需。這將是俄羅斯歷史上首個以民主價值和制度為基礎的現代化進程。」這顯然與普京將民主制度和市場經濟視為強大俄羅斯的手段的理念不同。

對此公允的分析是:梅德韋傑夫新政治戰略的政治哲學基礎總體上是以自由主義為核心的。普京奉行的是俄羅斯傳統意義上的以突出政權效應為特色的官僚控制哲學。兩者本質的區別在於,梅德韋傑夫追求與期待的是:「充分自由、富於責任感的公民社會」;而普京8年執政,實際上使俄羅斯形成了一個控制一切的官僚垂直權力體系。

相信聰明如普京者,能夠看到梅德韋傑

俄羅斯總統選舉當晚的支持普京集會

夫的忠誠，也能夠比其他人更清楚看到
這位接班人與自己的區別。普京做出了
自己的選擇：遵守規則。

那麼，這個時候的真問題便是：如果普
京期待自己成為俄羅斯歷史上又一位
超級總統，檢驗他的標準或許不是他
已經建立的垂直控制體系，以及 8 年
GDP70% 的增長率，而是他是否可以以
低階的總理之位，保證自己開創道路的
繼續，並在適時的時候再回到權力頂峰。

政治當然是最聰明人玩的遊戲，因為在
所有的規則之下，都可以由聰明人找到

可以利用的機會。權力的技術，即使看
透它，亦有趣味。

2008 年總統選舉結束，不出意料，梅
德韋傑夫當選總統，普京由總統任命為
總理——去到過去他任命的總理所在的
「白宮」，那幢白色的龐大建築體裡。
很快他命令在這裡修建一間健身室，以
使他可以經常鍛煉身體。奇特的事情一
個月後發生，「統一俄羅斯」黨第九次
代表大會，全票選舉普京擔任該黨主席。
普京在擁有總理身份之後，又擁有了「統
一俄羅斯」黨的主席之位。這意味着什
麼？「統一俄羅斯」黨在國家杜馬擁有

俄羅斯總統選舉當晚，支持普京的集會，戒備森嚴。

315 個議席，超過三分之二，這事實上表明總統梅德韋傑夫不可能在他的任期內撤換總理——因為國家杜馬的多數黨「統一俄羅斯」的拒絕，會使總統的命令失效；而且因為擁有杜馬裡超過 2/3 的議席的多數黨的主席位置，普京按照憲法規定，也可以推動修憲，反制總統梅德韋傑夫。俄羅斯總統與總理，因為「統一俄羅斯」黨的存在，也因為強人普京，而前所未有的形成了一種相互制衡結構。普京的權力技術，自是非凡。

同樣，因為對杜馬多數黨的控制，亦由此間接控制了地方利益集團；而強力部門，這是普京人際網絡裡最為辛勤開發的傳統領地。總統與總理的制衡，在正式制度之外，有了一種被創造出來的可能。梅德韋傑夫當然有權改變這一結構，但是，成本將無比昂貴。

這是一種非制度性的權力制衡，所以，在梅德韋傑夫四年的總統任期裡，尋找總統與總理的不和，已成為全球媒體樂此不疲的遊戲。同時，梅德韋傑夫與普京也在精心地維繫着平衡性的關係，表現他們之間的和諧。

世事難料，意外總會發生。2010 年 9

月，莫斯科森林發生大火，總統梅德韋傑夫電催莫斯科市長盧日科夫回來處理，正在休假的盧日科夫並不把總統之令當回事，他淡定的休完自己的假期才回到莫斯科。這當然令梅德韋傑夫惱怒，而盧日科夫向新聞界解釋他為什麼遲回時，又再次觸動更為敏感的「梅普關係」。他說，他的休假，得到總理普京的同意。媒體一般解釋認為，這是真實的，盧日科夫當然也是普京的人。只是這次他玩的過火了，梅德韋傑夫決定將盧日科夫解職。宣佈解職這天，盧日科夫向由普京領導的「統一俄羅斯」黨提出退黨要求，迅速獲准。「梅普關係」的平衡與和諧，當然比一個市長之位重要。在莫斯科當了 18 年「國王」的 74 歲的盧日科夫終於離開那幢彪悍的紅樓。我們來到莫斯科採訪俄羅斯總統大選，希望能夠採訪向來不拒絕記者訪問，而且經常帶着一群記者出行辦公的盧日科夫，但俄羅斯同行告訴我們：誰也不知道他去哪裡了。他消失了。

盧比揚卡廣場

俄羅斯總統大選結束，普京輕鬆勝出後的一天晚上，我們去到盧比揚卡廣場去尋找那座被重新樹立的捷爾任斯基雕像。莫斯科空氣乾淨，在寒冷的夜裡，可以清晰地看到遠處的圓月。兩幢聯邦安全局大體量樓房的後面，就是盧比揚卡廣場，廣場上仍有積雪，我們沒有找到這座雕像。問在寒風裡值勤的內務部警察，他們說：一切都結束了……

有意思的是，當年力促重新樹立捷爾任斯基雕像的是盧日科夫，他將自己領導的「祖國黨」併入「政權黨」統一俄羅斯黨之後，就公開而反覆地向媒體申明他的主張：我們要公正地重新認識我們蘇聯時期的歷史。這個時候正是普京強化強力部門權威之際，或者這是向現任總統示好的一種方式？正是因為他反覆的申張，媒體有了極其充分地關注與討論，最後是否重新樹立，必須由總統普京決定。普京做出了一個聰明的選擇，重新樹立的不是盧比揚卡廣場上的那座捷爾任斯基大雕像，而是內務部大樓裡的捷爾任斯基的半身雕像。這兩座雕像當年都被拆掉丟棄，只不過更多人記住的是盧比揚卡廣場上的那座大雕像。

盧比揚卡廣場有一座雕塑，是一塊巨大的石頭。它的名字叫：索洛維石頭。索洛維（Solovki）是斯大林建立的第一個勞改營所在地，石頭由這裡搬運而來。索洛維石頭旁的鐵牌上，印着登記照一般大小的無數人像照片，正中間寫道：1921 至 1926 年，4 萬俄羅斯人死於勞改營。

| **焦點人物** |

這段歷史，這些人

首腦

◆ 戈爾巴喬夫

1931 年生於俄羅斯斯塔夫羅波爾邊疆區。是一位拖拉機司機的兒子。1985 年 3 月當選為蘇共中央總書記，之後，又當選過最高蘇維埃主席團主席（1988）、蘇聯第一任也是最後一任總統（1990）。他的職務的變遷，正是蘇聯最高權力的一次次轉移過程。這是他的政治改革最具符號性的表達，結果是蘇聯社會主義在他掌握最高權力期間崩潰。在國外，他極受歡迎，出訪之處皆能掀起一股「戈爾巴喬夫熱」；但在國內，他的聲望即使在最高權力位置上，也是日益衰落。蘇聯解體，他辭去蘇聯總統後，影響力幾乎消失。1996 年，他曾參加俄羅斯總統競選，但僅獲得 0.5%，排所有競選者的最後一位。也因為這一結果，他參選總統並不太為人所知，他也從不再提這段經歷。現在，偶爾也可以在國外媒體上看見他對俄羅斯政治的評價，但他的評論似乎也只有外國媒體有興趣。

◆ 安德羅波夫

1914 年出生於一位鐵路工人家庭。1953 年進入蘇聯外交部第四歐洲司，主管波蘭、捷克斯洛伐克事務。在此期間，他因主管處理匈牙利事件而聲譽鵲起。1967 年出任國家安全委員會（KGB）主席；15 年後，1982 年 11 月，勃列日涅夫去世，他接任蘇共中央總書記。1984 年 2 月辭世。蘇聯解體，他是唯一一位未被詬病的前蘇聯領導人；在獨立後的俄羅斯，曾有一段時間，他是官方與民間共同紀念的前蘇聯領導人。這一則因為他的清廉，再則蘇聯改革實由他而起。只是可惜他在位時間太短，所有措施都未及出台。受安德羅波夫提攜而上位的戈爾巴喬夫，自稱是他的「政治繼承人」。很難說戈氏改革沒受安德羅波夫啟發。普京是後來推動俄羅斯紀念安德羅波夫的關鍵人物，這有他們共同出身於 KGB 的原因，但不完全如此。

◆ 葉利欽

1931 年出生於斯維爾德洛夫斯克州的一個農民家庭。1986 年進入蘇共中央政治局，並任莫斯科第一書記；一年後又被逐出政治局。1989 年，他以 89.6% 的選票當選蘇聯人民代表大會代表，由此迅速成為自由俄羅斯民族主義的首腦。1991 年 6 月，經直接選舉，以 58% 的選票當選為俄羅斯總統。他與戈爾巴喬夫有共同的改革理念，但彼此卻是政治上的對手。在他當選俄羅斯總統後，兩次重大事件他都有卓越表現，但成本不菲。1991 年 8・19 事件，一起旨在重回社會主義蘇聯的「政變」，因葉利欽的反對與對抗而告流產；1993 年，在與國會的衝突中，葉利欽出動軍隊，以武力解決政治分歧。── 這兩次行動，一則捍衛了蘇聯以及俄羅斯的繼續改革之路，但導致了蘇聯解體；一則捍衛了總統權力，但由此卻形成「超級總統制」的新權力制度。他當政期間，俄羅斯的各方面情勢未見好轉，反而因政治鬥爭頻繁而使整個國家── 經濟上、政治上、心理上和精神上陷入崩潰（普京評論）。2007 年辭世。

◆ 普京

1952 年出生於列寧格勒一位工人家庭。在列寧格勒大學法律系畢業後，進入 KGB 工作 15 年。這段經歷，是普京世界觀形成最重要的時期；很遺憾，普京 KGB 生涯的詳情，仍無人得知。雖此，普京的「KGB 情結」仍然明確。他推動紀念由 KGB 主席成為蘇共中央總書記

的安德羅波夫；亦對蘇聯最後一位 KGB 主席、參與 8 · 19「政變」的克留奇科夫予以正面評價；即使是對政治對手普里馬科夫（KGB 最後一任第一副主席），在其退休後，亦率團拜會。這相當中國人的「義氣」，在俄羅斯政治領域甚為罕見。普京堅持拒絕任何意識形態成為國家的意識形態，但同時，他恢復並鼓勵俄羅斯傳統的東正教的復興；相對共識性的評論是：無論民主制度，還是市場經濟——他的前兩任戈爾巴喬夫與葉利欽的改革目標，在普京看來，都只是恢復強大俄羅斯的手段。在當選兩任總統之後，他出任四年總理，然後於今年再度當選俄羅斯總統。這是世界政治史上是並不多見的案例。

◆ 梅德韋傑夫

1965 年出生於列格勒一位知識分子家庭，身高 1 米 62。在普京從東德回到家鄉列格勒，進入當時民選市長索布恰克的領導團隊之際，他與普京相識，並成為普京的助手。也因此關係，當普京 1999 年成為俄羅斯政府總理時，他由聖彼得堡（列格勒後來恢復傳統城市名）來到莫斯科，出任普京的政府辦公廳副主任。之後，梅德韋傑夫出任俄羅斯天然氣工業股份公司董事會主席（2001）、總統辦公廳主任（2003）、第一副總理（2005）。在民主政治制度之下，葉利欽開創了「接班人」制度，普京是葉利欽選擇的接班人，而梅德韋傑夫則是普京選擇的接班人。他於 2008 年當選俄羅斯總統。今年，普京再次當選俄羅斯總統後，宣佈梅德韋傑夫為政府總理。

反對者

◆ 克留奇科夫

1924 年出生，KGB 最後一任主席。1991 年 8 月 19 日，在戈爾巴喬夫簽署的新的蘇聯加盟共和國聯盟條約即將頒佈通過之際——這一條約被廣泛認為是出賣並瓦解蘇聯。克留奇科夫與蘇聯副總統、蘇聯總理、國防部長、內務部長……組成國家緊急狀態委員會，並將戈爾巴喬夫在其休假別墅軟禁。這就是震驚世界的蘇聯 8 · 19 事件。這一事件，因葉利欽的反對，尤其是他站在坦克上演講的圖片傳播——全世界輿論譁然，而告流產。葉利欽的國際聲譽也因此超越戈爾巴喬夫。後來，在自傳裡，戈爾巴喬夫宣稱他的改革之所以失敗，是因為蘇共黨內頑固派的反對，特別是這一事件所導致。這種解釋雖有戲劇性與傳播性，卻未必是歷史的正解。克留奇科夫解釋之所以最後放棄武裝對抗，是因為：「不想為了達到自己的目的，看到有人死亡。」政變失敗後，克留奇科夫被逮捕，直至 1994 年俄羅斯國家杜馬大赦才被釋放。也因這一事件，葉利欽下令解散 KGB。KGB 的歷史就此告終。

◆ 哈斯布拉托夫

1942 年出生於格羅茲尼。在他幾歲的時候，因斯大林的「懲罰性流放」車臣人，而隨家人遷徙至哈薩克斯坦。1965 年獲得經濟學博士學位；1991 年 10 月，擔任俄最高蘇維埃主席。在政見上，他更傾向漸進主義的市場經濟策略，反對蓋達爾與丘拜斯的「休克療法」；在權力制度結構上，他堅持立法機構議會起領導作用的共和制，這與葉利欽的總統制行政權力中心形成衝突。1993 年 10 月，雙方衝突加劇。哈斯布拉托夫以憲法法院推翻總統的命令為由，推舉俄羅斯副總統魯茨科伊為總統。這事實上已經廢棄葉利欽。葉利欽動用軍隊包圍議會所在地「白宮」，後來在俄羅斯特種部隊「阿爾法」軍官的說服下，議會放棄抵抗，從而避免更多流血發生。哈斯布拉托夫隨後被捕，1994 年因大赦而獲釋。

◆ 科爾扎科夫

1951 年出生，畢業於全蘇法律學院。1970 至

1985 年任 KGB 官員；1985 年辭職，任當時莫斯科市委第一書記葉利欽衛隊隊長。而葉利欽 1987 年被解職，並被逐出蘇共中央政治局，這時，科爾扎科夫面臨去留選擇。他選擇仍然忠於葉利欽——這在蘇聯政治裡也不多見。他的選擇，使他成為葉利欽的密友，而當葉利欽成為俄羅斯總統後，他的回報豐厚——成為部長級的總統衛隊長。1991 年的 8．19 事件，葉利欽站在坦克上向莫斯科市民宣讀《告蘇聯人民書》時，站在坦克上的還有一個人，他就是科爾扎科夫。科爾扎科夫堅持對車臣問題採取強硬政策，因而被媒體稱為「戰爭黨」的首領。在 1996 年，葉利欽的第二個總統任期之前，他認為最好的對策不是參加競選，而是解散國會、解散俄國共產黨並推遲總統選舉。葉利欽被他說服，甚至已經選擇這一對策。但很迅速，他被葉利欽解職。之後，他又成為葉利欽的攻擊者。他告誡俄羅斯：要學會與一個有病的老人相處。

◆ 斯庫拉托夫

1952 年出生，1973 年畢業於斯維爾德洛夫斯克法學院。他的博士論文是關於地方自治政府的，他是一位憲法學專家。1995 年任俄羅斯總檢察長。面對獨立後俄羅斯混亂的局面，斯庫拉托夫極有作為之心。他頗被關注的行動有兩次，一次是與科爾扎科夫的合作，對聖彼得堡市長索布恰克的調查。這一調查有人際爭鬥因素，而因為索布恰克是普京政治上的引路人，稍後又進入更複雜的人際糾纏。另一次是與總理普里馬科夫合作，對寡頭與家族利益集團的調查——在如此糾結而利益重重的人際關係裡，他的調查失敗了，並被指證與妓女有多次別人付價的性交易。他因此下台。政治得失並不那麼容易看清，在被迫辭去總檢察長職務之後——他自己解釋說這是受寡頭與家族利益集團迫害。「迫害」的解釋，使他的政治聲望達到頂點，他參加了 2000 年的俄羅斯總統競選，但失敗。

◆ 久加諾夫

1944 年出生於農村教師家庭。17 歲那年，他也開始在農村中學教書，一年後進入教育學院學習。1980 年完成他的副博士論文：「社會主義城市生活方式（基於主要城市）計劃發展的基本原則」——顯然，這一論文可以讓我們得窺過去蘇聯的博士論文方向。15 年後，他又完成自己的博士論文。不過，在戈爾巴喬夫執政期間，他任蘇共中央宣傳部副部長，卻是反對戈氏改革的著名人士。1990 年當選為新的俄羅斯共產黨的主席，由此與蘇共分離。1991 年反抗戈爾巴喬夫改革的 8．19 事件爆發時，他正在休假，沒有參與任何活動。他是葉利欽 1996 年總統競選最有力的爭奪者，並將競選罕見的帶進第二輪，後來仍然失敗了。但俄羅斯總統選舉的國際觀察團認為，在媒體報道上，他遭受了不公平的待遇，這是他失敗的因素之一。之後，他又連續三次參與總統競爭，但都未及 1996 年那樣接近總統職位。

政策制定人

◆ 傑弗里·薩奇斯

美國人，被媒體稱為「休克療法」之父。1954 年出生，29 歲時成為哈佛大學經濟學教授。他為世人所知，是 1984 至 1990 年作為玻利維亞總統經濟顧問，成功地將該國通脹由 40,000％ 降至後來的 10％。1989 年，他為波蘭團結運動的經濟改革作諮詢，並應團結運動領袖要求，為該國激進的經濟改革作出草案，因此獲得波蘭國家級榮譽——優等司令十字勳章。這使他聲譽大增，並使「休克療法」迅速為轉型的社會主義國家所重視。1991 至 1994 年，他率領自己的團隊進入俄羅斯，並成立俄國第一家非政府的研究機構：經濟分析

研究院。由此深度介入俄羅斯經濟轉型，但俄羅斯改革未有獲得想像中的成功。對西方國家囿於意識形態面對俄羅斯經濟轉型時放棄他們宣稱的支持，薩克斯極為憤怒，並大加抨擊。在此期間，他分別是斯洛文尼亞（1991）、愛沙尼亞（1992）、蒙古（1991—1993）經濟改革的顧問。因而，美國《時代》週刊曾評選他為影響世界的「50人」，評語是：可能是世界上最重要的經濟學家。在這一輪社會主義國家經濟轉型中，他的經濟理論實踐，影響深遠。

◆ **蓋達爾**

1956年出生。他的爺爺曾是一位內戰英雄，而他的父親則是《真理報》的軍事評論員、海軍高級軍官。他是蘇聯解體以及俄羅斯獨立過程中，不多見的世家子弟代表。在他獲得實際權力之前，1987年他是改革派黨報《共產主義》的專欄作家和《真理報》的經濟編輯。在此期間，他獲得了俄羅斯經濟研究同行，包括上層官員的廣泛認可——既認可他的經濟學知識，也認可他的人品。1991年11月，出任俄羅斯財政部長，在傑弗里·薩克斯的幫助下，他建立自己的改革思路，成為俄羅斯休克療法的設計師。為完成這一艱難的轉型，他還在1992年6至12月出任代總理。俄羅斯的經濟改革，重點是需要考慮並平衡政治與經濟兩方面的因素，但無論何種選擇，俄羅斯的資源都不足夠，失敗無可避免。他因通脹高企而被解除代總理職務。此後，他與具體的政治行動距離拉近，而更專注於經濟的思考與研究，這使他在媒體上保持良好的形象。2009年辭世。

◆ **丘拜斯**

1955年出生，畢業於列格勒工程技術學院。他是蓋達爾的盟友，亦為俄羅斯經濟轉型最重要的經濟決策人。簡言，蓋達爾完成了俄羅斯經濟轉型的第一步：放開價格。而丘拜斯需要完成的是第二步，將國家工業財富分配給全體俄羅斯人，完成私有化過程。與蓋達爾相比，丘拜斯有行動能力，也更樂於行動。在他改革的第二步，俄羅斯生長出寡頭利益集團與地方利益集團，而丘拜斯與這兩大利益集團之間，與寡頭集團保持良好的關係，而與地方利益集團——這正是他需要改革廢除的對象——形成激烈衝突。兩件事件使他的聲譽受到廣泛質疑。一是他收受曾在私有化過程中獲得利益的公司對他一本書的預付稿酬——高達數萬美元，這讓他的人品大受抨擊；另一件則是，在葉利欽生病期間，他與別列佐夫斯基以及葉利欽女兒佳琴科工作上合作無間，成為政治問題的最後決策人，一時之間，俄羅斯媒體將其冠名為：攝政王。在此期間，他被認為是寡頭利益集團的代言人。

利益集團

◆ **別列佐夫斯基**

1946年出生於莫斯科，是俄羅斯家喻戶曉的寡頭代表。有兩部以他為主角的電影，一直在俄羅斯熱播。正因為他的影響力如此，他的發跡史被廣泛而深入地研究，俄羅斯的經濟轉型，他是典型的案例。有趣的是，他獲得如此廣泛的影響，並非經濟上的巧取豪奪，而是他在政治上的作為。在葉利欽宣佈解除總理切爾諾梅爾金的前一天，他就在電視節目上暗示總理即將被解職，這使他成為人們猜測的宮廷政治最重要的當事人。事實上，一個被稱為「家族利益」集團在俄羅斯是真正存在的。為着幫助葉利欽競選1996年總統，俄羅斯七大寡頭聯合起來提供支持，競選結束後，別列佐夫斯基找到了自己未來人生方向，成為國王製造者。他與葉利欽女兒塔季揚娜·佳琴科、總統辦公廳主任尤馬舍夫結成聯盟，對俄羅斯政治施加影響。葉利欽對此甚為憤怒，但無法剪除其影響。別列佐夫斯基支持普京競選總統，但出言不遜，

以扶持普京上台而自詡。普京競選成功後，別列佐夫斯基被逐出俄羅斯，流亡國外。

◆ 古辛斯基

1952年出生於莫斯科，另一位著名的俄羅斯寡頭代表。古辛斯基較其他寡頭更早意識到媒體的價值，他最早成立了自己的橋媒體集團，並在第一次車臣戰爭期間，因反戰立場而大受歡迎，成為俄羅斯最重要的媒體集團。同樣，在支持葉利欽第二任總統競選時，他的媒體集團不遺餘力提供支持，在相當意義上，正是這種支持改變了力量對比。據報道，葉利欽在競選總統成功後曾告誡寡頭：錢多不要緊，但不要從政。顯然，這一告誡對寡頭們的作用甚微，與別列佐夫斯基以宮廷內幕人的角色自詡不同，他以自己的媒體集團作為工具，形成對俄羅斯政治的影響力。在幫助葉利欽競選成功第二任總統後，古辛斯基也開始尋找自己的總統候選人，他選定的是被葉利欽解職的普里馬科夫，這與葉利欽選擇的接班人普京形成衝突，他用盡手段扶持自己的「總統」，但普里馬科夫最後決定放棄競選總統。普京在成為總統後，古辛斯基即遭受到稅務警察調查，並最早被逐出俄羅斯，流亡國外。

◆ 霍多爾科夫斯基

1963年出生於莫斯科，俄羅斯首富。他與古辛斯基有着相同的遭遇，因自己的猶太人的身份，而無法實現自己上學及就業期待。大學畢業後，因未去成自己希望去到的軍工企業，霍多爾科夫斯基創辦「青年科技創新中心」，由此開始了他的創富之旅。蘇聯時期有兩種「貨幣」並存，一種是現金，另一種是非現金信用——用於特定用途之上，比如政府提供給企業的補貼，企業之間的資金往來，甚至工人的工資。它當然遠遠超過現金的數量，但非現金信用不可以兌換成現金。這種隔絕，使現金形式的盧布，其價值甚至是非現金信用的10倍

以上。霍多爾科夫斯基發現了兩者的差別，並找到了將兩者建立兌換的特殊通道。他通過自己的人際網絡，用自己的「創新中心」將非現金貨幣大量變為盧布現金。如此循環，一方面使他的企業利潤暴漲，另方面也建立更廣泛的關係網絡。這個時候，他才二十四五歲。與更急於表現自己的經濟實力與政治慾望的其他寡頭比較，霍多爾科夫斯基更低調，但他沒有放棄參與任何可能對政治產生影響的活動。在別列佐夫斯基與古辛斯基被逐出俄羅斯後，他領導的尤科斯石油公司，成為俄羅斯第二大石油公司，他個人成為俄羅斯首富。他選擇了另外一種影響政治之道，資助國家杜馬裡左右兩派政黨，並憑此積累政治資源。他表示未來將會放棄生意，進入政治領域——不是國王的製造者，而是期待自己直接成為「國王」。2003年，霍多爾科夫斯基被捕，兩年後被判處8年徒刑；2010年，被追加刑事監禁13年半。這是俄羅斯以及國際社會迄今仍在廣泛關注的案件。

◆ 盧日科夫

1936年出生於莫斯科。葉利欽任莫斯科市委第一書記時，發現了盧日科夫的才華，並將他提升為莫斯科「市領導」崗位。1992年，民主派領導之一的波波夫辭去莫斯科市長職位，葉利欽再度任命盧日科夫為市長。莫斯科之於俄羅斯，無論政治，還是經濟都是最重要的城市。盧日科夫創造出一條俄羅斯市場經濟制度下的另種控制路徑，他是這個城市的「國王」，他以權力與財富結合的模式，領導並決定這個城市的經濟活動。他是俄羅斯與東正教保持最為密切關係的重要領導人，也是一位俄羅斯民族主義者。他一直是葉利欽堅定的支持者，但2000年國家杜馬與總統競選前夕，他希望自己能夠代表「地方利益集團」進入政治領域，並扶持自己的人選競選總統——顯然，他屬意的總統人選並非葉利欽選定的普京。結果他失

敗了，但這並未影響他在莫斯科的地位，直至 2010 年梅德韋傑夫總統將其解職。

家族代表

◆ 尤馬舍夫

1958 年出生。18 歲開始自己的記者生涯，最初在《莫斯科共青團員報》工作，1987 年進入有名的《星火》雜誌，並在 1991 至 1995 年擔任該雜誌副主編。他是葉利欽喜歡的網球運動的夥伴，但他更重要的功績則是葉利欽自傳的捉刀人——在完成葉利欽前兩部自傳《葉利欽自傳》與《總統筆記》之後，他被任命為總統顧問，並於 1997 年出任總統辦公廳主任。別列佐夫斯基能夠進入葉利欽的總統圈子，正是基於他的居間介紹。為着幫助葉利欽競選第二任俄羅斯總統，葉利欽的女兒塔季揚娜·佳琴科作為父親與寡頭集團的聯絡人，進入政治領域。之後，尤馬舍夫、佳琴科與別列佐夫斯基結盟，成為家族利益集團的核心人物。這一利益集團曾包括丘拜斯，後來丘拜斯與寡頭集團交惡，與之分裂——丘拜斯收受巨額稿酬，也是寡頭利益集團因他的「背叛」，而決定拋出的抹黑材料。

◆ 塔季揚娜·佳琴科

1960 年出生，葉利欽的小女兒。在葉利欽第二次總統競選之前，她是一個數學家，與政治無涉。為着自己的競選，葉利欽將她引進總統圈子，並在競選結束後，任命她為負責公共關係的「總統顧問」。她在政治中的作用，主要是葉利欽生病期間，由她通過批准與葉利欽見面的機會及審查送交他的文件，開始履行非正式的政治權力。在「超級總統」制度之下，這一權力雖非正式，卻極大。這也是家族利益集團的權力基礎。多數人相信，他們在相當程度上，至少在葉利欽生病期間操縱了總統，並決定了俄羅斯政治事務。普京出任代總統後，簽

署的第一個命令即為解除塔季揚娜·佳琴科的職務，當然也簽署了特准葉利欽及家人免於刑事或行政起訴。即使早在葉利欽競選第二任總統期間，佳琴科與尤馬舍夫的關係亦甚為引人注目。後來，果然雙方與原配離異，兩人結合。佳琴科亦更名為塔季揚娜·尤馬舍娃。

領導者

◆ 索布恰克

1937 年出生於中國邊境附近的西伯利亞的赤塔市。畢業於列格勒大學法律系，在擔任一段時間的律師之後，1981 年回到母校成為經濟法教授，並由此開始自己的政治生涯。1989 年當選蘇聯人民代表大會代表，是葉利欽的重要支持者，尤其 8·19 事件時，他首先前往莫斯科支持葉利欽。這一年，他擔任列格勒市市長。在他的團隊裡先後湧現出丘拜斯、普京、梅德韋傑夫……等一大批後來深刻影響俄羅斯的政治人物。但索布恰克在爭取他的第二個市長任期時卻遭遇失敗，並受到俄羅斯檢察院的調查。在普京的幫助下，他逃亡法國；1999 年取消指控後返國，這時普京已成為總理，並準備競選總統。作為普京的「政治導師」，他積極支持普京競選，但卻因心臟病於 2000 年 2 月逝世。媒體稱：他將普京的全體秘密帶走了。

◆ 切爾諾梅爾金

1938 年出生。一直從事石油領域工作，1982 至 1992 年擔任石油與天然氣部長，在蓋達爾去職後，擔任俄羅斯政府總理，直到 1998 年 3 月。他是葉利欽時代擔任總理時間更長的。石油與天然氣是俄羅斯最重要的支柱行業，切爾諾梅爾金能夠進入政府成為總理，亦為這一行業的代表；也因此，在他擔任總理期間，不斷受到指責，說他利用職權以犧牲製造業和其他產業來提高能源集團的利益。媒體將其稱為影響俄羅斯政治的「能源系」領袖，與「戰爭

黨」、「寡頭集團」、「地方集團」、「家族利益集團」……等成為俄羅斯政治的利益代表。他之所以能夠成為任期最長的總理，實則有他人難以企及的協調各方利益的能力。但葉利欽認為他的魄力不足擔綱下任總統之職，於是為尋找並培養接班人而解除了他的職務。

◆ 基里延科

1962 年出生。他是葉利欽選擇的第一位接班人，當時他年僅 36 歲。之前，他任燃料和能源部部長——他所接任的這個位置，是由他的「政治導師」涅姆佐夫推薦的。而涅姆佐夫之所以選擇他，也是為着對抗切爾諾梅爾金的「能源系」。而葉利欽指定他來接替切爾諾梅爾金，也暗含瓦解「能源系」之意。在他擔任總理之職期間，沒有與「能源系」形成直接衝突，但此際俄羅斯面臨政府債務與盧布匯率雙重壓力，而這是丘拜斯控制的領域，他沒有任何主導能力；由於丘拜斯的判斷失誤，堅持盧布不貶值，最終使俄羅斯在 1998 年金融危機中遭受重大損失。結果，這一切責任將由基里延科來承擔，他的離職不再意外。被解職後的基里延科曾於 1999 年與盧日科夫競爭莫斯科市長之職，但未獲成功。

◆ 普里馬科夫

1929 年出生。獲得莫斯科大學經濟學博士學位，是蘇聯科學院院士。他是中東問題專家，能說流行的阿拉伯語，既有豐富的學術經驗，亦有外交與情報工作經歷。戈爾巴喬夫改革期間，他是戈氏首席外交政策顧問，是其外交政策「新思維」的設計師之一。KGB 解散後，作為 KGB 最後一任第一副主席，他改任俄羅斯聯邦情報局局長，1996 年被任命為外交部長。一般認為，他接替基里延科出任政府總理是一個妥協的選擇。但他以接近 70 歲的年齡擔任總理，卻表現不俗，迅速安定因金融危機而極度混亂的俄羅斯；之後，他又將焦點對向

民怨甚深的寡頭集團，與總檢察長斯庫拉托夫聯手調查寡頭，此舉使他與「寡頭集團」和「家族集團」形成對抗，去職亦在意料之中。但此際，俄羅斯政治利益集團十分豐富，被解職後，他與「地方利益集團」代表盧日科夫合作，計劃競選 2000 年總統；此舉亦得到另一寡頭古辛斯基及其媒體集團的大力支持，他們還準備與久加諾夫的俄共合作。但後來他們因為在第二次車臣戰爭問題上的錯誤選擇，而失去民意，普里馬科夫也退出總統競選。

◆ 斯捷帕申

1952 年出生於中國旅順港的軍事基地，1986 年獲博士學位。1990 年當選為俄羅斯最高蘇維埃代表，並成為最高蘇維埃安全委員會主席；1994 年出任聯邦安全局局長。從普里馬科夫開始，葉利欽選擇接班人的目光，開始擺脫既有的利益集團代表，而選擇國家強力部門，尤其是有 KGB 或聯邦安全局背景的政治人物，普里馬科夫、斯捷帕申及後來的普京，皆為這一思路的選擇。葉利欽的這一思路，改變了俄羅斯的政治生態，有了新力量出現的機會。1999 年 5 月，斯捷帕申出人意料的被葉利欽任命為總理；但更令人意料地是，僅僅三個月後，他被解職，接替他的是普京。葉利欽並未給他予有力的解職說明，因而斯捷帕申對他被解職十分不滿。普京就任總統後，任命他為聯邦審計院院長，這是一個獨立的高位。

（註：人物介紹主要以文章裡出場的先後順序排列，也照顧分類而略有調整。）

二

1991 年 12 月 25 日，戈爾巴喬夫發佈電視講話，宣佈辭去蘇聯總統職務。自此，蘇聯正式解體。此刻，戈爾巴喬夫會有什麼樣的心情？這是我無可抑制的好奇心。

「任何歡送會也沒有。獨聯體各國領導人沒有一個人給我打過電話。無論是離職當天，還是離職以後，三年多時間裡從沒有誰給我打過電話。」在回憶錄《真相與自白》裡，戈氏足夠坦率，記錄了當時，甚至三年之後仍然難以釋懷的情緒——「沒有誰給我打過電話」。

戈氏所需，甚至只是一聲菲薄的禮節性的問候，可惜沒有等來。這是普通人的情感需求，還是高位者的孤獨現實？

戈爾巴喬夫回憶錄全書結束處，「最後的一幕」裡的這個細節，令人意外。當我讀到此處，不自覺放下閱讀，與戈氏共同歎息。作為職業記者，採訪與閱讀並無分別，都是一種對話與溝通。很偶爾，當有足夠深度的進入之後，你會神逸戶外；專注的聚焦的神經系統，會從採訪對象或者閱讀的那本書籍裡，悄然逃離……

這個時候，真正的相遇發生了。人類學研究裡，有一專門術語來描述研究者所應持的立場：對象本位。即無論進入部落社會的人類學家，還是涉足街頭社會的社會學家，應當首先放下預設，深度進入「對象」，以對象為「本位」。循此而論，經常闖入他人生活的職業記者，何嘗不更應如此。當你神逸戶外，恍惚之際，對象與旁觀者的界線消失了，彼此相遇。

現在我可以像一位手藝人一樣，來回顧一下這個產品的時候，「對象本位」，是一個邏輯的起點。我們可以從這裡出發。那麼，我們的目標呢？或者說我們由此出發將前進到何處？

如果以現代化的中國發生史角度看，日本與前蘇聯，我們兩個鄰國對中國這一進程的影響深遠。1894 年的甲午戰爭，家天下的清帝國揭開崩潰之幕；而 8 年的抗日戰爭，亡國亡種不再是警世之言，「民族國家」亦由此廣泛動員，繼而成為全民之共同意識。1949 年，當一個獨立中國誕生之際，我們的制度選擇，幾乎是前蘇聯的全盤複製。雖然後來我們只記得一個「計劃經濟」的概念。所以，當我的同事去到葉卡捷琳堡採訪的時候，他們感歎：這不就是瀋陽，不正

是鐵西區？其實，這種比喻應當倒過來，瀋陽不正是葉卡捷琳堡。這裡是前蘇聯以及俄羅斯的軍事重鎮，葉利欽在此從建築工地起步，步入政壇，直至最高位。

1991 年 8 月，我正在武漢一所著名高校採訪他們的校領導，採訪當中，這位領導出去一趟又回來，很興奮告訴我：「蘇聯終於有人起來反抗戈爾巴喬夫了！蘇聯有救了！」這是前蘇聯著名的「8‧19」事件——最高蘇維埃主席以及蘇聯副總統等組成反對戈氏改革，力求回歸共產黨蘇聯的一次武裝衝突事件。當我離開這所學校，走在長長的下山坡道上，我理解了蘇聯對中國一代甚至幾代人深刻的影響。只是，像我們這一代經歷的北京風波，剛剛過去兩年，同樣的蘇聯事件，情感上的反應，差別懸殊。

20 年後，當我有機會來重新觀看一下蘇聯解體以及何以解體，閱讀那些論著之後；20 年前我所能感受到的那種情感反應——那位校領導臉上流溢著的光彩，以及他對無限遙遠的莫斯科事件的真切關懷，彷彿昨天。

如此情感的支配，絕大多數中國人關於蘇聯解體的論述，其終點無不通向兩個迥異的方向：其一、蘇聯解體、亡黨亡國是十足的悲劇；其二、蘇聯解體是美好未來的開始。

這是學術的判斷還是道德的判斷？或者換言，這是事實判斷還是價值判斷？ 20 年後，開始輪到我疑惑了。當我們對蘇聯的這場巨變僅僅在 20 年不到的時間裡，我們就一次又一次地大膽放言，作好壞的價值判斷，單純從認知角度論，這不只是狂妄，而是極端狂妄了。

當然，「偽史也是史」。從這個方面來看，我們對遙遠異國的認知，確實摻雜了太多我們自己的情感投射。認識這種情感本身，在相當的意義上也是認識這段歷史的一種方法論。只是，我個人過於冷漠，對這種情感狀態不以為意。在我看來，基於個人的、國家的、民族的共同情感場景的認知偏向，當然值得尊重；但是，當這種情感過於濃烈，不再可能「對象本位」，對事實形成廣泛的遮蔽，而且持續達 20 年之久，便不太可以稱之為正常與自然了。

戈爾巴喬夫或許在意他所獲的諾貝爾和平獎，但當你有機會「對象本位」，甚至進入當事人情緒狀態，這個獎可以是政治人物的全部榮耀？或者相反。旁觀者可以以此符號來記憶此等政治人物，但當事人自己呢？能不能接到獨聯體各國領導人的一聲問候的電話，如此膚淺的情感補償需求，卻才是政治人物最深刻的歎息。

這種相遇是一扇門，我們可以借此擺脫我們自己的情感陷阱，從而進入對像本身。

但是，這種相遇也僅僅只是一扇門。戈爾巴喬夫在退位三年後，完成了自己的回憶錄；而此時，他的挑戰者葉利欽已經出版兩本回憶錄《葉利欽自傳》與《總統筆記》（均有中文譯本）。如果對應著閱讀兩位當權者的回憶錄，我們剛剛可以慶幸擺脫自己的情感陷阱之時，新的更劇烈的情感敘述才開始呢。比如說，戈爾巴喬夫渴求的那個獨聯體各國領導人電話慰藉時刻，葉利欽記錄的卻是戈氏對自己退位後待遇問題的討價還價——戈氏要求並最終確認他的退休工資是 4,000 盧布，還有一幢可供他使用的基金會大樓……如果說，「對象本位」之前，我們還只是遙遠的對曾經影響我們的蘇聯的自我代入；那麼，蘇聯解體，榮光與罪過，這才是戈爾巴喬夫與葉利欽必須為自己辯護的關鍵所在。他們必須為自己的歷史地位而戰。

這個時候，你何以對象本位？哪個對象才是本位？

仍然回到對蘇聯解體的中國人價值判斷來論，悲劇或者美好未來的開始——如果我們擺脫了自身的價值選擇，又將可能不自覺陷入對象歷史選擇的自我辯護之中。戈爾巴喬夫與葉利欽是如此的對立，理解歷史又可能以誰為「本」。「對象本位」，需要你超越自我投射，但如果你只是淺度進入「對象」，結果仍然可疑。看過種種論著，不免可樂，敘述者在被自己情感約束的同時，又被對象再度約束——人類的智力有限，但如此廣泛有限，難免遺憾。

當我離開武漢那所大學，在回家的路上意識到情感是左右事實的力量；再後來，就以蘇聯解體而論，我們發現「對象本位」也有陷阱存在。那麼，我們還有可能超越嗎？20 年後，我和我同事鼓足勇氣去完成的，非常簡單，只有一件事：事實本位。

做記者這行，事實、真相、真實——這些詞太過熟悉，已成濫詞。但是，我們離它們實在太過遙遠。

最簡單地講，蘇聯解體，我們首先需要完成的一件事就是：蘇聯何以解體？回到我們本初的狀態，這一指向事實的好奇心，才是我們的終點或者目標所在。

在與烏克蘭、白俄羅斯總統簽署事實上促使蘇聯解體的協議後，葉利欽不是欣喜而是惶恐：「我知道，現在指責將伴隨我一生。因此，這個決定尤為沉重。」葉利欽的這份沉重，若以「對象本位」觀之，才真正是觸人心弦的。歷史緊要

關頭的任何選擇，對於當事人，遠非好壞那麼簡單，它只是在跟時間跟所有的人打一個賭而已。很不幸的是，賭注或者說成本是全體國民的福祉，勝負都將由所有人擔當。如果說人類的智力有限，那麼，對一個龐大帝國的解體，2億多人民的分裂──在這一事實面前，承認我們智力有限，明白我們任何輕易的判定都將顯得愚蠢與粗暴，才是明智的。

好，從對象本位出發，我們的目標既定：事實本位。但是，即使蘇聯解體這一事件，20年後我們再重新回顧，構成事實的邊界，尤其理解並解釋事實的維度何在呢？

日本歷史學者溝口雄三解釋歷史學：「它是這樣一種學問：先是從過去無數的事實中選出某種事實，而後對被選出來的事實進行組合，再對組合好的事實加以某種解釋。也就是說，它是關於事實的選擇、組合與解釋的學問。」這個對歷史學的解釋是不是跟新聞操作近乎相似？但是，多數時候我們只記住了溝口雄三的這半句，他還有下半句呢：「但是，那不應該是史學家個人任意的選擇、組合與解釋。它應該是歷史本身所發出的歷史自身的聲音。史學家必須具有放下一切預測走進歷史的汪洋大海，傾聽歷史的聲音，通過其無主體狀態而擁有主體性的這樣一種無限的主體性力量。」

那麼，蘇聯解體，一個超級大國的崩潰──它的歷史的「汪洋大海」是什麼呢？

二

莫斯科的特列季亞科夫美術館實在是一個超級棒的美術館。可以大量，而且是有發展脈絡邏輯地觀看藝術作品原作，這可能是現在中國人出國旅行或者採訪，不多的「福利」之一。在莫斯科，我們還去柴可夫斯基音樂學院一所堂皇的音樂廳裡聽了一場音樂會，音樂會的最高票價也才200盧布，相當於人民幣40多元而已；而最低價只有50盧布──10來元人民幣，是可以聽整整兩小時的音樂會的。這實在神奇而令人羨慕不已。

特列季亞科夫美術館的俄羅斯油畫，從肖像畫開始，然後宗教題材，可是，到十九世紀中期，畫風陡然而變，市民的、生活的、窘迫的形象成為主流，它的高潮是列賓的《伊凡雷帝殺子》──這是一幅你幾乎不敢直視與面對的畫面，那間諾大的陳列廳，都被這幅畫以及它的死亡氣息所統懾。它太強悍了。這是極少的觀畫體驗。

在同一歷史時期，巴黎奧賽美術館所展現的油畫與此迥異，畫家用筆觸與色彩，開始表達自我，整體的與建構的藝術路

向開始瓦解，印象派興起。

俄羅斯真的是歐洲人嗎？坐在似乎為俄羅斯這一藝術路向作總結的《在羅斯，人民的精神》那幅大畫前，我有此疑問——這是一幅多麼明確地表達出對俄羅斯民族的民族性整體性思考的畫面；在歐洲的畫家們自我開始釋放之際，俄羅斯藝術走向了與此截然相反的道路，他們在建構對民族性的整體思考，那些劇烈的衝突性的畫面，不正意味着他們痛苦的思考對象不是個體而是整體嗎？這是歐洲的俄羅斯嗎？未必是，那個雙頭鷹國徽的矛盾體或混合體是最好的表達；即使是，也是個性極端鮮明的一個民族。那麼，回到「一戰」時期，蘇維埃政權的建立，這一路走來的俄羅斯民族性的自我確認，1917 冬宮炮聲是不是一個必然結果？

蘇聯或者俄羅斯，它的歷史的汪洋大海，特列季亞科夫美術館當然是一個最形象也最方便進入的機會。

全球化時代對認識論的改造，有一個有趣的結果。在中國，我們任何討論，不太可能以中國為角色對象，因為這個對象實在太龐大，我們無可把握，因而無可立論。可是，你去到美國，甚至去到香港，僅僅是距離的變化，你能與美國人或香港人建立的溝通界面，無可例外，

你必須確認將龐大的對象明確化—— 是的，我們必須以「中國」為對象，才能建立討論的通道。那麼，難道這個時候，我們就突然有了對一個國家，比如中國，也比如俄羅斯的整體的理解與把握了嗎？

這是真問題。我們如何重建自己的認識論呢？

是的，即使去理解比如蘇聯解體這樣的一場似乎挑戰不大的歷史事件，如果我們失去對這個國家整體性的理解，你能說服自己嗎？未必。特列季亞科夫是一個機會，是我們整體性理解這個國家的機會，但它不是你的知識來源，而只是啟示。我們要從那裡開始？歷史。從俄羅斯歷史開始。

當統治俄羅斯兩個世紀的蒙古人終於衰敗之後，俄羅斯開始了自己擴張的步伐，這是一種與現代國家生成相伴隨的俄羅斯「特色」——領土與疆域不斷地拓展，構成了這個國家的歷史主體。這種擴張，對應於中國人的感受，實在是令人苦楚。中國的現代進程，實則在這種被列強掠奪的窘迫的狀況下開始的，而謀我土地最急，莫過於俄羅斯與日本。歷史真是充滿詭異，又正是這兩個國家深刻地影響着中國的現代化之路。那麼，回到俄羅斯，不同疆域上的不同的民族，不同

的宗教信仰的人民集合於這個國家之後，國家認同將如何建立？蘇聯──15個加盟共和國構成的一個國家，將社會主義的意識形態的認同置為國家認同的首要，這是一種解決之道。

這種線性的歷史演進，尤其是演進過程中所蘊含的國家結構性矛盾，才是我們理解俄羅斯的關鍵要素。俄羅斯是誰？他從那裡來，並且他將向何處去？特列季亞科夫美術館裡那些痛苦的撕裂的藝術品，要尋找的，正是這些問題的答案。「歷史的汪洋大海」予我們的啟示是：民族關係與國家認同建構，才是這個國家結構性的矛盾所在。不意識到這個結構性矛盾，我們討論俄羅斯，將如盲人摸象，以為整體，實為片斷而已。

蘇聯解體，所有作為解體原因的體制分析，它的結論將指向何處？當然，「以蘇為鑒」，實則是我們傚傚的制度崩潰，我們如何避免之意旨。但是，這些體制之建立，原因何在？它難道不是這種「俄羅斯特色」擴張之道，國家整合的選擇嗎？蘇聯制度，即以計劃經濟論，其實質，實為這種多民族多人種、不同疆域共和國集合成國家後，最具「效率」的道路選擇。建立對這個國家整體的理解與把握，如果我們失去對它的民族結構矛盾的發現，如何可能。

作為一個中國人，一個遙遠的觀察者，當我把俄羅斯，一個國家作為自己觀察的對象之後，我的認識論起點即在此。我們從這個國家的結構性矛盾開始吧！

紅場邊上旅遊品商店裡，「俄羅斯套娃」售價不菲。那些手工繪製的套娃，所展示的這個國家手工藝者的精細，還真是令人感歎。這一玩具，實為俄羅斯最為大宗的工藝品；即使我們未去到這個國家之前，它也是如此醒目地存在於我們的印象與記憶之中。那麼，當你可以從俄羅斯歷史的閱讀逸出戶外之際，那個想像不就自然生成：俄羅斯國家結構性矛盾，正如俄羅斯套娃一般。

蘇聯解體，尤其是東歐社會主義國家集團的瓦解，不正是被打開的俄羅斯套娃？我找到了自己對歷史的解釋軸了嗎？似乎是。

如何驗證？這個解釋軸當然可以從俄羅斯以及蘇聯的歷史推演而出，但如果只是以蘇聯解體為終點，我們並不能由此斷然而論。很幸運，我們是 20 年後再來觀察這個國家曾經的解體，至少這個國家有 20 年的歷史演化供我們研究並驗證這個解釋軸正當以否。

普京以及他的車臣戰爭，是不是阻止即將被打開的俄羅斯套娃？同樣，他的權

力來源，民主制度下的票決，又因應何種國情與現實？這 20 年的歷史支持之前我的想像。這一切，都在書裡，此處毋須贅述。

從蘇聯解體，我們穿越對象本位，進入到事實本位之後，再躍入歷史的汪洋大海，最終那個能夠整體性理解這個國家的結構性矛盾終於出現。這個時候，雖然菲薄，我大概也可以輕輕地說出我的識見了。當然，如此結果，也不再只是一個關於蘇聯解體的報道，而是獨立後的俄羅斯道路選擇的斷代史的綱領性描述了。它於是成為這本書。

三

當我重新打開 20 年前購買的，由東方出版社出版的那本售價為 3 元 8 角 5 分的黃皮的《葉利欽自傳》時，還是不免感慨。政治，或者說國家首腦的祛魅，實則由他自己認可並撰寫的自傳開始。比如這本葉利欽的自傳。同樣，驗證一個國家和自由度，其指標也可以是：它的首腦，可不可以自由的寫自傳。

這種感慨，並非始自此書。若干年前閱讀升味準之輔所撰《日本政治史》，其材料來源幾乎是日本各位首相的回憶錄，日本這個國家的政治能夠被理解，不正是這種種首相傳記營造？其實，一國政治之開明，實由無數具體細節構成。一國政治被封閉時，結果只會是對應神聖敘事邏輯的陰謀論。鮮有例外。

前述種種，比如對象本位以及國家結構性的「俄羅斯套娃」，並非憑空，而是閱讀之後的產物。構成我對俄羅斯的認識，來源下面這些書籍。沒有它們，認識論無從發生。

那本黃皮的小書《葉利欽自傳》，寫作於他成為俄羅斯總統之前，也有為競選造勢之意。這是一個好時機，它為這本書，以及俄羅斯總統自傳定下體例規範。簡單講，正如後來 1996 年去競選總統，當時由總統身份去競選下任總統的葉利欽說：（現在）我不是總統，而是總統的競爭者。而《葉利欽自傳》出版之際，他才真的不是俄羅斯總統。他開創了什麼樣的規範呢？第一，這是一本關於自己人生故事的書，而不是自己的政見表達；第二，你必須講起可以引起讀者共鳴的故事，否則，這本期待得到俄羅斯選民選票的自傳，反而可能失票；簡言之，你必須像一個正常人一樣去講自己的有意思的故事；第三，真實。這一點其實才是真正重要的。我仔細對照過這本自傳與戈爾巴喬夫回憶錄《真相與自白》——兩者有不少重合的細節，兩人對事實的解釋當然選擇有利於自己的材料，但彼此事實部分，出入不大。

後來，葉利欽又先後出版了兩本自傳《總統筆記》與《午夜日記》，其風格一秉前書。整體敘述，矯飾部分有限，足夠信賴。在相當的意義上，葉利欽的自傳完整地勾描出俄羅斯獨立後的歷史演進框架，畢竟這段歷史是他所主導的。他對自己的自信，他人難及。

比較而言戈爾巴喬夫的回憶錄《真相與自白》，自我辯護的成分稍多。就他個人的經歷看，他的去職與葉利欽主動辭職比起來，難說光彩。當然，將其理解為失敗，也未必妥當。制度變遷時代，強人之間，毋須成王敗寇作判斷標準。與葉利欽坦率而直接地對俄羅斯政治人物的評論不同，戈爾巴喬夫要含蓄收斂的多。這是戈氏性格決定？比較兩人自傳，這種分明的差異，值得玩味。或許可以解釋的因素之一是性格，而就以性格論，葉利欽的氣場要強大得多。歷史選擇葉利欽來完成俄羅斯的獨立，或許不是偶然。

公允而論，研究這段歷史，這四本自傳可以提供截止 2000 年的事實框架，以及主導者的思想邏輯。

在普京 2000 年競選俄羅斯總統前，出版了《第一人：普京自述》，這是普京迄今出版的唯一一本自述。與葉利欽三本自傳比較，現在又再任俄羅斯總統的

普京個人供給的信息之少，似亦可作為一種性格表達。這一方面可以理解為普京更為封閉；但另一方面，他有開戰鬥機的影像，有駕駛小車穿越西伯利亞的電視專題，還有潛入深海並找出古陶的傳奇……他與現代傳媒之關係，比之他的兩位前任戈爾巴喬夫與葉利欽，實則操控媒體更自如。但這種熟練背後，我們其實更不知道真實的那個普京是什麼樣了。當然，這本自述還是瞭解早期普京最關鍵的材料來源。令人遺憾的是，他 KGB 的經歷，尤其是東德的那段經歷，隱而未彰。

最勤力開掘普京在東德的 KGB 生涯，並相對公允的莫過於德國人阿列克塞德爾·拉爾所著《克里姆林宮裡的「德國人」：弗拉基米爾·普京》——這本書估計是俄羅斯最為暢銷的譯著之一，俄羅斯有關這段歷史的著作，經常提及此書。他提供了普京曾參與更替東德領導人的秘密行動「光線」的諸多線索，但結論，他也未敢輕易做出。這事太隱密，不太容易調查。德國人拉爾在此書裡最大膽的論述是：東歐社會主義國家的顛覆，多有 KGB 參與並促成。這實在令人匪夷所思，但他提供的證據卻也未必足夠。這本書最具價值之處是他從德國人的視角理解第二次車臣戰爭，俄羅斯民眾情感逆轉的外部因素，亦即科索沃戰爭對俄羅斯民眾的影響；同時，

他對葉利欽與他的權臣之關係的分析，似亦可作為葉利欽自傳裡那些材料的另一種解說。這一拉開距離的域外觀察，有意思。

對普京面臨的俄羅斯情勢，以及普京選擇的對策的描述最為翔實的，是俄羅斯政治作家羅伊‧麥德維傑夫所著《普京——克里姆林宮四年時光》與《普京總統的第二任期》。當然，他的論述也是外國人瞭解俄羅斯最主要的選擇——他的著作被 24 種文字翻譯出版。有趣的是，1925 年出生的麥德維傑夫在他以歷史學家和傳記作家出名之前，在前蘇聯，他更是著名的持不同政見者。他曾因出版《歷史的審判》而被開除黨籍（1969 年），後於 1989 年恢復，這個時候，亦即蘇聯解體前夕，麥德維傑夫當選為蘇聯人民代表，並成為蘇共中央委員，這一身份使他具有廣泛的高層人脈資源。不過，蘇聯解體，他在蘇共中央建立的人脈資源失效，所以他並無可能與普京建立溝通通道，而只是作為一個有着政治資歷與經驗的觀察者進行寫作。也因此，他對俄羅斯各種報刊的材料的收集之密，實在罕見；在這種種常常是衝突性的材料裡，他能夠以自己的經驗建立判斷與選擇的框架，讓讀者可以清晰地理解混亂的事實，這實非常人可為。

俄羅斯記者維克托‧安德里亞諾夫（Victor Andrianov）等所著《葉利欽傳》，基本上是對應葉利欽自傳那些事實的媒體解讀，當然，媒體的解讀迥異於葉利欽的自我敘述。有意思的是，在作者看來，無論戈爾巴喬夫還是葉利欽，皆非良善之輩，因為他們共同瓦解了蘇聯，所以書中之貶抑，處處可見。但此書精彩之處則是對 1991 年的「政變」，以及 1993 年的炮打白宮之充分敘述，其細節之豐富，實在令人驚訝。這種重大事件，當然不可以由總統獨擅解釋權。因而，此書雖然有強烈的情感傾向，但引用各種媒體報道事實與細節，卻非常值得重視。

《華盛頓郵件》1995 至 2001 年駐莫斯科記者站主任戴維‧霍夫曼（David Hoffman）所著《新俄羅斯的財富與權力：寡頭》一書，是記錄俄羅斯市場經濟轉型過程最為精彩的著作。看起來，一位美國記者在接觸並報道俄羅斯新生的資本家——寡頭們，甚至遠遠超過俄羅斯本家任何記者與著述家。他提供的材料差不多都是一手性的，都是他直接採訪所獲。這使他的這本著作具有了不可替代性，也是我們認識葉利欽時代經濟脈絡最有權威的材料來源。我的這本小書，有關寡頭方面的材料，多由此書而來。

比較而言，英國人馬丁・西克史密斯（Martin Sixsmith）所著《普京VS尤科斯：俄羅斯的石油戰爭》，俄羅斯記者索爾達托夫與博羅甘所著《誰在掌握俄羅斯》，雖然結構性脈絡都與霍夫曼的著作相似，以開掘俄羅斯某一領域為己任，但英國人在客觀與公允上易被指責，而俄羅斯記者在材料上則顯單薄。這兩書雖然也曾熱銷，亦可一讀，但可資借鑒有限。

英國作者卡瑟琳・丹克斯所著《轉型中的俄羅斯政治與社會》，雖以教材體例寫成，但亦可視為一種經典著作。這是一本不多見以蘇聯解體以及俄羅斯國家建構為整體性觀照的著作。一般通例，這樣的著作，作者須通讀政治、經濟、法律與社會諸多方面形成共識性的論述，而且因為在動盪之中，這種共識性論述的尋找與確認並非易事。這考驗的是著者的洞悉力與判斷力。雖然此書中文譯本出版於2003年，但接近10年後再讀，她在慣常的教科書體例裡所隱含的問題意識與結構性思考方向，迄今仍然有重大價值。於我的啟發，也甚大。

中國社科院研究者龐大鵬所著《觀念與制度：蘇聯解體後的俄羅斯國家治理1991—2001》，大體上是目前中文著作裡有著最為充分材料集納的論著。著者嘗試以國家治理為結構性研究框架，希望對俄羅斯20年的斷代史作一總結性論述。作者的材料足夠，但最後所立之論，能由己出，並可被引證的結論，似有限。雖然如此，這也是中文著作裡，不多見的系統性論述。

由樂峰主編的117萬字的《俄國宗教史》，可以大體提供俄羅斯宗教，尤其是東正教歷史演化。這是理解俄羅斯不可或缺的知識之一。

這些著作構成了我理解蘇聯解體以及俄羅斯獨立後歷史進程的關鍵材料來源，沒有這些書籍，我也不可能完成我的這本小書。我相信，如果嘗試理解這段俄羅斯歷史，這些論述，不可以輕易忽視。所以，我需要向這些著者表示我的敬意。當然，這只是我閱讀的一部分，有更多的論文與著作，也為我理解俄羅斯提供了幫助，只是，選擇也意味着評判。

四

這本小書的主體文章，是我在《三聯生活周刊》所撰報道集合而成。在後來做俄羅斯大選報道前，我的主編朱偉提議並決定將之前擬定的一期封面故事，變成兩期。如此調整，促使我下決心去通讀一下俄羅斯宗教、軍隊以及國會演變史，也因此有機會更充分地理解普京獲權之後，如何建立垂直控制——實則這

才是政治之關鍵。政治不只是戲劇與傳奇，雖然這是讀者最希望閱讀，亦有傳播效率的內容，它實在是智力與機緣的結合。對於寫作者，能夠瞭解、理解並破解這種種權力的技術與智慧，當是挑戰，也是有趣的驗歷。這裡需要向朱偉主編表示我的感謝，沒有他的提議與決定，或許我沒有足夠的時間資源完成這一切。

俄羅斯大選之前，我和同事黃宇與徐菁菁去到莫斯科採訪並報道大選，對於現時中國記者，去到國外採訪，狀如「打醬油」，人際資源與交流溝通通道皆有限。即使 LP 也指陳莫斯科是世界上物價最貴城市，我跟黃宇擠一屋，然後我們吃着從超市裡購買回來的俄羅斯麵包，還有魚子醬……其實也是一種有趣的經歷。黃宇的圖片，以及徐菁菁對俄羅斯大選各黨派的理解與分析，亦予我有足夠啟示，這都是我應當感謝的。

另外，更值得感謝的是此書的編輯張俊峰，他的專業能力讓我佩服。這段時間，我基本上的思維空間全給了俄羅斯，那麼，當我們如何命名這本小書時，張俊峰給了我一個既理解又超然的好書名：熊的王者。這實在精彩，與聰明人一道工作，工作本身即給予當事人回報。這是一個愉快的驗歷。同時，在此書編輯過程中，我也與李安有較多接觸，她的

理解力令人驚訝，而執行力之有效率，亦讓人感歎。在此一併致謝。

Photo Credits | 圖片出處 |

封面：黃宇

封裡：Corbis Images

p. 002：黃宇

p. 018-019：CFP

p. 020：CFP

p. 022：CFP

p. 024-025：法新社

p. 030-031：CFP

p. 035：Corbis Images

p. 038-039：CFP

p. 042：法新社

p. 050：法新社

p. 062-063：美聯社

p. 064：黃宇

p. 067：法新社

p. 069：法新社

p. 073：黃宇

p. 075：CFP

p. 078：黃宇

p. 086-087：黃宇

p. 088：Corbis Images

p. 089：法新社

p. 094：CFP

p. 098：新華社

p. 101：美聯直線

p. 105：法新社

p. 111：路透社

p. 112：法新社

p. 123：路透社

p. 132：Corbis Images

p. 134：路透社

p. 144：CFP

p. 146：美聯社

p. 148-149：黃宇

p. 150：美聯社

p. 151：法新社

p. 154-155：黃宇

p. 158-159：黃宇

p. 163：路透社

p. 164：黃宇

p. 169：黃宇

p. 175：黃宇

p. 181：Corbis Images

p. 182：黃宇

p. 183：黃宇

| 責任編輯 | 張俊峰 |
| 書籍設計 | 陳曦成 |

書　名	熊的王者 —— 俄羅斯的權力邏輯
著　者	李鴻谷
出　版	三聯書店（香港）有限公司
	香港鰂魚涌英皇道 1065 號 1304 室
	Joint Publishing (Hong Kong) Co., Ltd.
	Rm. 1304, 1065 King's Road, Quarry Bay, Hong Kong
發　行	香港聯合書刊物流有限公司
	香港新界大埔汀麗路 36 號 3 字樓
印　刷	中華商務彩色印刷有限公司
	香港新界大埔汀麗路 36 號 14 字樓
版　次	2012 年 4 月香港第一版第一次印刷
規　格	16 開（170mm × 220mm）208 面
國際書號	ISBN 978-962-04-3210-1

© 2012 Joint Publishing (Hong Kong) Co., Ltd.

Published in Hong Kong

（封裡圖片：1988 年 9 月，俄羅斯民眾集合於莫斯科紅場。）